Minna no Nihongo

みんなの日本語中級II
標準問題集

スリーエーネットワーク

Published by 3A Corporation.
Trusty Kojimachi Bldg., 2F, 4, Kojimachi 3-Chome, Chiyoda-ku, Tokyo 102-0083, Japan

ISBN 978-4-88319-737-8 C0081

First published 2016
Printed in Japan

まえがき

　『みんなの日本語中級II標準問題集』は『みんなの日本語中級II』本冊の各課に沿って、その課の学習項目の確認、整理、定着を図るための練習問題集です。

　各課の問題はその課の学習の総仕上げとして、教室で、あるいは宿題として活用することにより、学習者各自が自分の達成度を測ることができるよう作られています。また、教師が回収してチェックすることにより、学習者の習得状況を把握し、必要に応じて復習の時間を設けたり、個別指導をするなど、日々の学習活動に役立てていただけるよう配慮されています。

　各課4ページの構成は「読む・書く」「話す・聞く」各1ページ、「文法・練習」2ページとなっています。また、3課ごとに「復習」を、『中級II』のまとめとして最後に「総復習」を入れました。

　全体を通し、この問題集を、「その課に出てきた文章、会話（会話表現）、文法事項、語の意味や用法など」の理解度・達成度を問う練習問題としました。そのため、「読む・書く」では本冊の内容を再確認する問題を、「話す・聞く」では日常のさまざまな場面で活用できる力がつくような問題を配しました。また「文法・練習」の文法項目は本冊の出現順にすべてをカバーし、原則として、理解項目は選択問題形式に、産出項目は書かせる問題形式としました。

　表記は原則として『みんなの日本語中級II』本冊に倣い、初級相当学習漢字のルビは外しました。

　本教材をお使いになってのご意見、ご感想などをお寄せいただければ幸いです。

2016年5月

株式会社スリーエーネットワーク

第13課

読む・書く

1. 例：日曜日、道を歩いていたら、バスとトラックの事故　に　出くわした。
   1）母は箱＿＿＿＿私の好きな果物＿＿＿＿詰めて、送ってくれた。
   2）覚える＿＿＿＿　＿＿＿＿苦労した漢字はたくさんある。
   3）散歩をしていたら、いい考え＿＿＿＿頭＿＿＿＿浮かんできた。
   4）彼は入学試験の合格＿＿＿＿目指して頑張っている。

2.
頭に入れる　書き留める　目に入る　見慣れる　のみこむ　来日する

   例：アメリカの大統領が日本に来ている。…（　来日している　）
   1）窓の外を見ると、女の子が一人で遊んでいるのが見えた。…（　　　　　）
   2）あまり見たことがない絵ですね。誰が描いたんですか。…（　　　　　）
   3）忘れそうだから、会議の予定を手帳にメモしておこう。…（　　　　　）
   4）彼は理解するのが速いですから、すぐできるようになるでしょう。…（　　　　　）
   5）このことは誰にも話してはいけないと、覚えておいてください。…（　　　　　）

3. 下の文を読み、□□□にはAから適当な記号を、（　）にはBから適当な言葉を選び文章を完成させましょう。

   A：a. 今では　　b. 6年経って　　c. そのうち　　d. 来日したての頃

   B：国語辞典　看板　大企業　市場　苗字　随筆　筆者　駐車場

   「ゲッキョク株式会社」は（例：筆者）のアーサー・ビナードが「月極」という言葉に出会い、その読み方と意味が分かるまでを書いた（①　　　　　）である。

   例：d は「月極」を（②　　　　　）のオーナーの（③　　　　　）かムーンのエンドといったネーミングかと思っていた。

   1）□　、駐車場（④　　　　　）を独占している（⑤　　　　　）の名前かと思うようになった。

   2）□　、青森に出かけた時、「月決め駐車場」という（⑥　　　　　）を見つけた。「つきぎめ」を（⑦　　　　　）で引くと「月極め」とも出ていた。定義は「月ごとの約束あるいは計算で契約すること」とあった。

   3）□　「月極」を「ゲッキョク」と読み違えることはもうない。

1.

関連させる　　共感する　　広げる　　言い換える

例：ある人の話 ［　に　］（　共感し　）て、ボランティアをするようになった。

1）今の彼の日本語では、それ以上話 ［　　　］（　　　　　　）のは難しいだろう。

2）難しい言葉 ［　　　］易しい言葉 ［　　　］（　　　　　　）て話す。

3）新しい言葉を覚えるとき、それ ［　　　］（　　　　　　）て、漢字も覚えるようにしている。

2．会話を完成させましょう。

1）A：ねえ、知ってる？　ワット先生が 例：c 。

　　B：①＿＿＿＿＿。

　　　　そういえば、②＿＿＿＿＿、この3月で学校を辞めるそうだよ。

　　A：本当？　まだ、2、3年は日本にいらっしゃると聞いていたんだけど。

　　　　③＿＿＿＿＿、来週のテストのことだけど、延期になった④＿＿＿＿＿？

　　B：⑤＿＿＿＿＿。

a．へえ、どんな本かな	b．んだって
c．本書いたんだって	d．そうらしいね
e．ところで	
f．ワット先生で思い出したんだけど、ワット先生	

2）A：昨日、友達にメールしたとき、あわてて書いてたら、①＿＿＿＿＿。
　　　　後で気がついて、②＿＿＿＿＿。

　　B：③＿＿＿＿＿あわてて間違えちゃう④＿＿＿＿＿。

a．どうしようかと思ったよ	b．宛先を間違えちゃったんだ
c．ことってあるよね	d．確かに

3）A：「急がば回れ」って、①＿＿＿＿＿。

　　B：急いでいるときほど、丁寧にしたほうがよい②＿＿＿＿＿。

　　A：③＿＿＿＿＿、あわてないで落ち着いてするほうがいい④＿＿＿＿＿。

　　B：ええ、⑤＿＿＿＿＿。

a．そういうことです	b．どういう意味なんですか
c．っていうことですよ	d．つまり
e．ってことですか	

1. 例1：しぼりました。→ （　しぼりたての　）牛乳は　おいしいですね。

　　例2：入学しました。→ （　入学したて　）ですから、学校のことがよく分かりません。

　　1）来日しました。→ （　　　　　　　　　）頃は＿＿＿＿＿＿＿＿＿＿＿＿＿＿＿＿。

　　2）覚えました。→ （　　　　　　　　　）言葉を使って、＿＿＿＿＿＿＿＿＿＿＿＿。

　　3）焼きました。→　このパンは（　　　　　　　　　）なので、＿＿＿＿＿＿＿＿。

　　4）先生になりました。→　彼女は（　　　　　　　　　）なので、＿＿＿＿＿＿＿。

2. 例：地震が起きました。→　たとえ地震が起きても、＿＿＿＿＿＿＿＿＿＿＿（ b ）

　　1）熱があります。→＿＿＿＿＿＿＿＿＿＿＿＿＿＿＿＿＿＿＿＿＿＿（　　）

　　2）言葉は分かりません。→＿＿＿＿＿＿＿＿＿＿＿＿＿＿＿＿＿（　　）

　　3）困った問題があります。→＿＿＿＿＿＿＿＿＿＿＿＿＿＿＿（　　）

　　4）今回の結果がいいです。→＿＿＿＿＿＿＿＿＿＿＿＿＿＿＿（　　）

　　5）負けると分かっています。→＿＿＿＿＿＿＿＿＿＿＿＿＿＿（　　）

a．今日、会社は休めない。	b．~~この建物は倒れないでしょう。~~
c．解決できるように努力します。	d．気持ちは通じると思います。
e．すぐに安心はできません。	f．最後まであきらめません。

3. 例：あの人は嫌なことを言われても、　怒っ　たりしません。

　　1）分からなくても、すぐ先生に＿＿＿＿＿＿たりしません。まず、自分で考えてみます。

　　2）一度間違えても、＿＿＿＿＿＿たりしないで、最後までスピーチを続けてください。

　　3）危ないところへは一人で＿＿＿＿＿＿たりしないでください。

　　4）彼はいつもきちんとしているから、そんな大事な物を＿＿＿＿＿＿たりしないはずだ。

4.
涙が出る　　　寝る時間もない　　　新聞が読める　　　顔も見たくない

　　例：このカレーは　涙が出る　ほど辛いです。

　　1）彼女は、はじめは日本語が全然分からなかったのに、今では＿＿＿＿＿＿＿ほど上手
　　　になりました。

　　2）あんなに好きだったのに、今では＿＿＿＿＿＿＿ほど嫌いになった。

　　3）あの歌手は大人気で、＿＿＿＿＿＿＿ほど忙しいらしい。

3

5．例：明日は雨が降るんだって。運動会は中止だね。（①）

        ① 明日は雨が降るそうです。

        ② 明日、雨が降るって本当？

  1）山田さんが大学院に合格したんだっていうんだけど、本当かな。（　）

        ① 山田さんが大学院に合格したそうですよ。

        ② 山田さんは大学院に合格したんですか？

  2）日本チームが3連勝したんだって、よかったね。テレビ見られなかったんだ。（　）

        ① 日本チームが3連勝したって本当ですか。

        ② 日本チームが3連勝したということです。

  3）今年は桜がいつもの年より早く咲くんだって。お花見の予定も早く決めなきゃ。（　）

        ① 予報によると桜が早く咲くそうです。

        ② 桜がいつもより早く咲くって本当？

6．例：あの人は医者でありながら、＿健康的＿な生活をしているようには見えない。

  1）何回もこの映画を見ていながら、＿＿＿＿＿＿はほとんど覚えていない。

  2）日本に10年も住んでいながら、＿＿＿＿＿＿ができない。

  3）悪いことだと分かっていながら、つい＿＿＿＿＿てしまった。

7．【写真を見ながら話しています。】

祖母（そぼ）　おば　姪（めい）　いとこ

例：このきれいな人は僕（ぼく）の母の妹です。

    …つまり（　おば　）さんっていうことですね。本当におきれいですね。

  1）この男の子は母の妹の子どもです。

    …つまり（　　　）っていうことですか。兄弟かと思いました。よく似ていますね。

  2）この女の子は兄の子どもです。小学3年生です。

    …えっ、つまりあなたの（　　　　）っていうことですよね。大きいんですね。

8．例：A：休みが月2回ぐらいしか取（と）れません。　　　B：（④）

  1）A：美術館（びじゅつかん）へ行くバスはどれですか。　　B：（　）

  2）A：あの発言はひどい！　　　　　　　　　　　　　B：（　）

  3）A：今度のパーティー、いっしょにどうかな？　　　B：（　）

①ぜひ、お願（ねが）いします。
②本当にそうですよね。
③あれですよ。
④大変（たいへん）ですね。

読む・書く

1．例：アニメは子どもたち＿＿が＿＿生まれたとき＿＿から＿＿存在している。
　　1）日本のマンガ技術は世界で一、二＿＿＿＿争う。
　　2）年月＿＿＿＿経るうちに、テレビアニメは海外＿＿＿＿受けるようになった。
　　3）10分＿＿＿＿も満たない出来事だったけれど、1時間＿＿＿＿もわたって続いたように感じた。

2．（　　　）に　　　　から適当な言葉を選び、文章を完成させましょう。

魅力	動作	保証	海外	水準	競争	原作	娯楽	光景

　　　日本のテレビアニメが、（①　　　　）で放送され始めたとき、テレビ番組として必要なわけではなかった。番組を編成する際のただの穴埋めとして放映されていたのだが、今ではアニメは子どもたちにとってなくてはならない（②　　　　）となっている。
　　　海外で日本のテレビアニメが受けるわけの一つは、アニメシリーズとなった作品の多くがマンガを（③　　　　）としているからだ。日本ではマンガ家の数が多く（④　　　　）も激しいので、マンガの（⑤　　　　）は高くなる。そのためテレビアニメのおもしろさも（⑥　　　　）つきということになる。
　　　また、実際には1秒にも満たない（⑦　　　　）の間に主人公の頭に浮かんだ（⑧　　　　）が10分間にもわたって描かれたりする手法や、放映が終わる直前にまるで大事件が起こったかのように見せるというテレビアニメの過剰な表現方法も（⑨　　　　）となっている。
　　　こうしたことが日本のテレビアニメを世界のトップブランドにさせたのである。

3．例：なかなか来なかったバスがやっと｛　(来た)・来なかった・来ている　｝。
　　1）彼の日本語のレベルは、けっこう｛　大きい・高い・多い　｝。
　　2）日本チームの特徴は選手の層の｛　厚さ・多さ・高さ　｝だ。
　　3）彼女は何でも大げさに｛　表現・努力・完成　｝するから、あまり信用しないほうがよい。
　　4）栄養を過剰にとることは、体に｛　いい・悪い・おいしい　｝わけがない。
　　5）数も多く｛　層・競争・物事　｝の激しい技術者たちが、技術の水準を高くしている。

4．

部	代	冊	程度	種類

　　例：調査の結果を4枚〔　程度　〕にまとめて出してください。
　　1）このパンフレット、5〔　　　　〕ほどもらってもいいですか。
　　2）日本ではマンガの週刊誌、月刊誌が毎月300〔　　　　〕も発売されているというのには驚かされる。
　　3）1990年〔　　　　〕に、日本の経済は急に悪くなった。

1．例：彼だって血の / が通った人間だ。そこまでひどいことはしないだろう。

　　1）彼女は日本へ来てからお好み焼き＿＿＿＿＿はまってしまい、よく自分で作って食べている。

　　2）日本人は話を聞くとき、よくあいづち＿＿＿＿＿打ちます。

　　3）彼女の手＿＿＿＿＿触れた瞬間、好きになってしまった。

　　4）せっかく咲いた花＿＿＿＿＿ゆうべの強い風＿＿＿＿＿、全部散ってしまった。

2．

ガラス　きっかけ　主人公　宇宙　対象　生身　映像　機械化　音楽　犠牲

　　例：留学の（きっかけ）は日本のアニメだったんだって？

　　1）（　　　　　）がきれいで、（　　　　　）も神秘的で。で、はまっちゃったんだ。

　　2）（　　　　　　）は星野鉄郎という少年。体を（　　　　　）してもらうため、アンドロメダと
　　　　いう星に行くっていう話。

　　3）永遠の命を持った人間は、持たない（　　　　　）の人間を差別し、狩猟の（　　　　　）
　　　　にした。鉄郎のお母さんも（　　　　　）になったってわけ。

　　4）クレアって女の子は粉々の（　　　　　）球になって（　　　　　）に散って行っちゃうんだ。

3．下の A はAさん、B はBさんの発話です。並べ替えてAさんとBさんの会話を作りましょう。

A	A1：そう、大切なメッセージって、どんなメッセージか私も本を読んでみようっと。
	A2：へえ。パイロット、飛行機の。
	A3：『星の王子様』ってどんな話？
	A4：ふうん。で、どうなったの？　結局。

B	B1：そう、彼の飛行機が砂漠に着陸してしまい、そこで小さな星から来た王子様と 　　　出会うっていう話。
	B2：「王子」は「ぼく」にいろいろな星の話をしてくれて、「ぼく」は大切なメッセー 　　　ジを受け取るの。
	B3：『星の王子様』？　えーっと、主人公はパイロットで作品の中では「ぼく」って言うんだ。

　　1）会話を完成させましょう。

　　　　（A3）→（B3）→（　　　）→（　　　）→（　　　）→（　　　）→（A1）

　　2）下の文章は上の会話について書いたものです。{　　　}の中の正しいものを選び文を
　　　　完成させましょう。

　　　　AさんとBさんの関係は{例：先生と生徒・友達同士・初めて会った人}です。
　　　　AさんがBさんに『星の王子様』という小説の{①タイトル・作者・ストーリー}を聞
　　　　いています。Bさんは、まずストーリーの{②主人公・タイトル・作者}と内容を一言
　　　　で紹介します。聞き手のAさんはあいづちを打ちながら聞き、最後に{③感想・結末・
　　　　結果}を述べます。

6

文法・練習

1．例1：コンサート会場の入り口で：「会場に入る際チケットは係員に渡してください。」（○）
　　例2：中学生の妹に：「ねえ、塾から帰る際、コンビニでコーヒーを買って来て。」（×）
　　1）体育館の使用規則に：道具を使う際、このノートに名前を書いてください。（　　）
　　2）友達に：「来週の先生の誕生パーティーの際は、ぜひ参加してくれよな。」（　　）
　　3）バスのアナウンスで：「お降りの際は、足元に十分お気をつけください。」（　　）

2．
日本料理　　電気製品　　設備　　施設　　娯楽

　　例：すきやき、（　てんぷら　）といった＿日本料理＿が好きだ。
　　1）この公園には、図書館、（　　　　　）といった＿＿＿＿＿＿＿＿があります。
　　2）部屋にシャワー、（　　　　　）といった＿＿＿＿＿＿＿＿がないと不便です。
　　3）冷蔵庫、（　　　　　）といった＿＿＿＿＿＿＿＿が安い店を知っていますか。

3．（　　　）に□より言葉を選び、正しい形に変えて文を完成させましょう。

放送する　　続く　　行う　　書く

　　例：会議・5時間→会議は5時間にわたって、（行われました）。
　　1）その番組・100回→＿＿＿＿＿＿＿＿＿＿＿、（　　　　　　　）。
　　2）レポート・80ページ→＿＿＿＿＿＿＿＿＿＿＿、（　　　　　　　）。
　　3）渋滞・30キロ→＿＿＿＿＿＿＿＿＿＿＿、（　　　　　　　）。

4．文を完成させましょう。
　　例：漢字は何回も（書く→　書いているうちに　）、＿覚える＿ことができます。
　　1）彼女と（会う→　　　　　　　　）、＿＿＿＿＿＿＿＿＿。
　　2）みんなが来るのを（待つ→　　　　　　　　）、料理が＿＿＿＿＿＿＿＿＿。
　　3）友達と（おしゃべりする→　　　　　　　　）、＿＿＿＿＿＿＿＿＿。
　　4）先生の話を（聞く→　　　　　　　　）、＿＿＿＿＿＿＿＿＿。

5．例：外国人にとって（　敬語の使い方　）は難しいものです。
　　1）私にとって（　　　　　　　）は大きな問題です。
　　2）彼にとって（　　　　　　　）ぐらい何でもないことだろう。
　　3）体が弱い彼女にとって（　　　　　　　）のはかなりきついのではないだろうか。

6．例：外食とは、自分の家ではなくレストランなどで＿＿食事する＿＿ことだ。

　　1）駐車違反とは、止めてはいけない所に＿＿＿＿＿＿＿＿＿ことだ。

　　2）今の私たちに求められている＿＿＿＿＿＿＿＿＿とは、いったい何か。

　　3）＿＿＿＿＿＿＿＿＿が世界中の人たちに受けているわけとは、何だろうか。

7．例：お客様のお荷物はフロントにおいて（　(お預かりして)・お預けして　）おります。

　　1）そのことについては明日の会議において（　報告・出席　）することになっている。

　　2）試合には勝ったが、内容においては（　よかった・負けていた　）。

　　3）彼はこの作品において何を（　伝え・読み　）たかったのだろう。

8．例：彼は最近遊んでばかりいる。成績が＿＿下がる＿＿わけだ。

　　1）彼は野菜を食べずに肉ばかり食べている。＿＿＿＿＿＿＿＿＿わけだ。

　　2）体重を測ったら、53キロもあった。1週間で5キロも＿＿＿＿＿＿＿＿＿わけだ。

　　3）あの家は＿＿＿＿＿＿＿＿＿と聞いた。立派なわけだ。

9．例：マニュアルの通りに操作しているのに動かない。

　　　　→　機械が＿＿壊れている＿＿のではないだろうか。

　　1）このマンションの建設計画には反対する人が多い。

　　　　→　実現は＿＿＿＿＿＿＿＿＿のではないだろうか。

　　2）情報が少なすぎて不安だ。

　　　　→　もう少し＿＿＿＿＿＿＿＿＿ば、住民も＿＿＿＿＿＿＿＿＿のではないだろうか。

　　3）最近、価格の高いトイレットペーパーなんかが売れているそうですよ。

　　　　→　日本経済が少し＿＿＿＿＿＿＿＿＿のではないでしょうか。

10．例：今日は何曜日ですか？　分かりません。→　今日は何曜日だったっけ？

　　1）荷物はいつ届きますか？　忘れました。→　荷物はいつ＿＿＿＿＿＿＿＿＿＿＿＿？

　　2）田中さんって、メガネかけていた？　知っていたら教えて。

　　　　→　田中さん、メガネ＿＿＿＿＿＿＿＿＿＿＿＿？

11．

┌─────────────────────────────┐
│ さびしい　　不安　　悔しい　　親しい │
└─────────────────────────────┘

　　例：彼女は「親しい友人が国へ帰ったんです。」とさびしげに言った。

　　1）彼は試合に負けて、＿＿＿＿＿＿＿＿＿に会場を出て行った。

　　2）彼女は隣の人に＿＿＿＿＿＿＿＿＿に話しかけていた。

　　3）スーパーの前に＿＿＿＿＿＿＿＿＿な様子でつながれている犬がいた。

8

読む・書く

1．例：睡眠時間が短いと作業能率＿が＿落ちる＿と言われている。

　　1）働きアリの中にはエサ＿＿＿担がないアリがいるらしい。

　　2）私は、残業している同僚＿＿＿＿横目に、会社を出た。

　　3）何度読んでも時間＿＿＿＿経つと、忘れてしまうことが多い。

　　4）仕事＿＿＿分担すると、作業能率＿＿＿＿上がる。

　　5）今回、残念なことに私たちのチームは優勝＿＿＿＿＿からめなかった。

2．
| 分担する　　構成する　　疲弊する　　登場する　　注目する　　観察する |

　　例：地域の野球チームは男性15名、女性5名で組織されている。…（　構成さ　）

　　1）働いているアリをよく見るといろいろなことが分かる。…（　　　　　　）

　　2）家事は夫と二人で分け合ってすることにしている。…（　　　　　　）

　　3）働かない集団の中からもよく働くアリが2割ほど出てくる。…（　　　　　　）

　　4）この研究は世界中の人々が関心を持って見ている。…（　　　　　　）

　　5）仕事のストレスで精神的にとても疲れている人が多い。…（　　　　　　）

3．1）①〜⑤に　　　　から適当なものを選びましょう。同じ番号には同じものが入ります。

　　2）［A〜C］に［つまり・そこで・すると］から適当な語を選んで書きましょう。

　　働きアリに関する有名な研究がある。一生懸命に働いているように見えるアリの行列
を観察すると、（①　　）と（②　　）がいるという。（②　　）は全体の2割だという。一
方、（①　　）についてよく観察してみると、（③　　）が2割、（④　　）が6割いるという。
　　［A　　］、（③　　）だけを1か所に集めて新しい組織を作ってみる。
　　［B　　］、そこにも（②　　）が出てくる。時間が経つと、その組織は（③　　）
（④　　）（⑤　　）の割合が2：6：2になるという。逆に（②　　）だけを集めて新し
い組織を作っても同じ結果になるという。
　　［C　　］、組織には（④　　）や（⑤　　）という脇役たちも必要で、（③　　）だけ
では徐々に疲れがたまって弱っていくのではないか、と考えられる。

| a．働くアリ　　　　　　　　b．働かないアリ |
| c．全く働かないアリ　　　d．普通に働くアリ　　　e．たいへんよく働くアリ |

話す・聞く

1．例：彼は頭もいいし、スポーツもできるし、クラスきって＿の＿人気者だ。

　1）たくさん練習して、ピアノ＿＿＿＿＿腕を磨きたい。

　2）自分で言う＿＿＿＿＿＿＿＿＿なんですが、服のセンスがあるって言われます。

　3）富士山の美しさ＿＿＿＿＿魅せられて、毎年登るようになった。

　4）リンゴの木を植えてから、実＿＿＿＿＿結ぶまで、何年もかかる。

　5）子どもたちは科学者の難しい話＿＿＿＿＿全く興味＿＿＿＿＿示さなかった。

　6）彼は研究でなかなか成果＿＿＿＿＿あげられずに苦労していた。

2．会話を完成させましょう。

　1）ジェニーさんは交流パーティーで紹介され、褒められます。

　　A：こちら、ジェニーさんです。ジェニーさんは歌がご趣味で、日本の歌、特に「ふる
　　　　さと」がお得意なんです。例：＿d＿。

　　B：いえ。①＿＿＿＿＿。

　　A：日本人、顔負けですよ。

　　B：②＿＿＿＿＿。③＿＿＿＿＿、子どものときから声がきれいだって言われていました。

　　C：④＿＿＿＿＿。

> a．そんな大したものじゃありません
> b．ただ自分で言うのもなんですが
> c．そうですか、一度お聞きしてみたいですね
> ~~d．この辺りでジェニーさんの右に出る人はいないと思いますよ~~
> e．いえ、それほどでも

　2）遠慮しないで相手の親切な申し出を受けます。

　　A：雨が降ってきましたね。傘、持ってますか。①＿＿＿＿＿、これをお使いください。

　　B：②＿＿＿＿＿。では、③＿＿＿＿＿お借りします。

> a．お言葉に甘えて
> b．よろしかったら
> c．え？　よろしいんですか

10

1. 次の文と同じように「という」を使っている文はどれでしょう。（　　　）

　　この本によると、ヨーロッパで一番古い大学はイタリアにあるという。

　　　① coffee は日本語でコーヒーという。
　　　② 田中さんにいくらお願いしても「できません」という。
　　　③ テレビアニメの多くはマンガを原作にしているという。
　　　④ 畳や床の上にきちんと座ることを正座という。

2.
会う　　試験　　転職する　　聞く　　休暇

　　例1：アメリカでは＿＿転職する＿＿たびに、給料が上がるという。

　　例2：長い＿＿休暇＿＿のたびに、外国へ出かける。

　　1）電話で母の声を＿＿＿＿＿たびに、家族のことを思い出します。

　　2）彼女は＿＿＿＿＿たびに、興味深い話を聞かせてくれる。

　　3）あの学生は＿＿＿＿＿のたびに、友達からノートを借りている。

3. 例：今回の電気料金の値上げ {において・に関する・(に関して)} の説明は分かりやすかった。
　　1）この論文では日本の気候 {に関して・に関する・によって} 詳しく説明されている。
　　2）環境問題 {に関して・について・に関する} 会議は京都で開かれる予定だ。
　　3）昨日、彼においしいコーヒーの入れ方 {に関して・において・について} 教えてもらった。
　　4）研究論文の題名は「外来語 {に関して・について・に関する} 意味の変化」です。

4. 例：お金を貸さないと言ったが、お金が＿＿ない＿＿わけではない。
　　1）明日からアメリカへ行くが、観光で＿＿＿＿＿＿＿＿＿わけではない。
　　2）親の気持ちも＿＿＿＿＿＿＿＿＿わけではないが、将来のことは自分で決めたい。
　　3）さしみは＿＿＿＿＿＿＿＿＿わけではない。あまり食べないだけだ。
　　4）この問題は、易しいといっても、誰にでもすぐに＿＿＿＿＿＿＿＿＿というわけではない。

5.
何かありました　　　　試験に合格します
暑くてたまりません　　生活が大変です　　具合が悪いです

　　例：娘に電話をしても出ないので、＿＿何かあったのではないか＿＿と心配している。

　　1）東京は物価が高いので、＿＿＿＿＿＿＿＿と思う。

　　2）彼は一生懸命勉強しているので、＿＿＿＿＿＿＿＿と思います。

　　3）元気がない彼女を見て、＿＿＿＿＿＿＿＿と心配になった。

6. 例：彼はまだお酒が飲めない年齢だ。実は　19歳　なのだ。

　　1）明日は休日ですが、私の大学は授業があります。だから、来週の月曜日は＿＿＿＿＿＿

　　　　んです。

　　2）受験生20名のうち14人が不合格だった。つまり、＿＿＿＿＿＿＿＿＿＿＿＿＿のである。

　　3）家から駅まで歩いて30分もかかります。近くに買い物ができるお店もありません。一言

　　　　で言えば、＿＿＿＿＿＿＿のです。

7.

| 病院へ行きます　　　　賞をいただきます　　　　話せると言えます |
| 学校を休みます　　　　会ってお伝えします |

　　例1：確かに優勝はしましたが、　賞をいただくほどのものじゃありません。

　　例2：少し指を切っただけです。病院へ行くほどのことじゃありません。

　　1）日本語は少し分かりますが、＿＿＿＿＿＿＿＿＿＿＿＿＿＿＿＿＿。

　　2）わざわざ＿＿＿＿＿＿＿＿＿＿＿＿＿＿＿ので、電話で連絡します。

　　3）昨日熱がありましたが、＿＿＿＿＿＿＿＿＿＿＿＿＿＿＿＿ので、行きました。

8. 例：このゲーム / 子ども / 大人 / 遊ぶことができる

　　　　→　このゲームは子どもだけじゃなく、大人も遊ぶことができる。

　　1）この店 / 伝統的 / モダンなデザインの洋服 / 販売している

　　　　→　＿＿＿＿＿＿＿＿＿＿＿＿＿＿＿＿＿＿＿＿＿＿＿＿＿＿。

　　2）バラの花 / 色や形 / におい / 楽しませてくれる

　　　　→　＿＿＿＿＿＿＿＿＿＿＿＿＿＿＿＿＿＿＿＿＿＿＿＿＿＿。

9. 例：日本といえば、富士山が外国人観光客には人気らしい。

　　1）富士山といえば、＿＿＿＿＿＿＿＿＿＿＿＿＿＿＿＿＿＿。

　　2）観光客といえば、＿＿＿＿＿＿＿＿＿＿＿＿＿＿＿＿＿。

　　3）人気といえば、＿＿＿＿＿＿＿＿＿＿＿＿＿＿＿＿＿。

1. といった　　において　　にわたって　　ながら

1）彼は若い＿＿＿＿＿＿＿考えがしっかりしている。

2）「働」「畑」＿＿＿＿＿＿＿漢字は日本でつくられたものだ。

3）そのドラマは1年＿＿＿＿＿＿＿放送されるという。

4）われわれの地域＿＿＿＿＿＿＿はボランティア活動に興味を示す者が多い。

といえば　　にとって　　に関する

5）この問題＿＿＿＿＿＿＿社長の判断は、間違っているのではないだろうか。

6）「猫①＿＿＿＿＿＿＿、日本には『猫に小判』という言葉があるそうですね。」

「ええ、猫②＿＿＿＿＿＿＿、お金は何の価値もないという意味です。」

2.

1）彼女は覚えたての日本語で（a.一生懸命に話そうとしていた　b.あまり話せなかった）。

2）たとえどんな田舎でも（a.住みたいとは思わない　b.住めば都だ）。

3）父はたとえ億のお金を積まれても田畑を（a.手放すだろう　b.手放そうとはしないだろう）。

4）彼女は（a.休んでばかりいる　b.寝る間もない）ほど忙しいと言っていた。

5）（a.いけない　b.かまわない）と思いながら、つい飲みすぎてしまう。

6）「あなたの妹さんって、今バンコックにいるんですよね。」

「ええ、（a.そうですよ　b.そうですよね）。」

7）ご注文（a.を際　b.の際）はこちらの用紙をお使いください。

8）この大会は今日から（a.あさって　b.3日間）にわたって行われる。

9）テレビを（a.見ている　b.見る）うちに眠くなってきた。

10）そんなひどいこと言ったの？　それは彼女だって腹を（a.立てる　b.立てない）はずだよ。

11）彼女は（a.歯が痛げ　b.悲しげ）に泣いていた。

12）入院するほどのものではないが、学校は（a.休まなくてもいい　b.休んだほうがいい）。

3．○ですか、×ですか。

1）それは私が教師になりたての頃の話だ。

（　　）それは私が教師になったばかりの頃の話だ。

2）何を言われても怒ったりしないよ。

（　　）私が怒るようなことは言わないでくれ。

3）山田さんって、料理が得意なんだって？

（　　）料理が得意な山田さんを知っていますか。

4）運転免許証、保険証といった、身分の分かるものをご用意ください。

（　　）運転免許証と保険証を用意してください。

5）「辛党」といえば、あのサントスさん、甘いものを食べない人のことだと思っていたらし

いですよ。おかしいですね。

（　　）サントスさんは「辛党」の意味を知っていた。

6）その子どもたちを観察しているうちに、ある特徴が見えてきた。

（　　）観察を続けていると、だんだん分かってきたことがある。

7）そういう事情なら、予定の変更は可能なのではないだろうか。

（　　）事情は分かるが、予定の変更はできないかもしれない。

8）彼は自信はなさそうだったが、「できるでしょう」と言った。

（　　）彼は自信ありげに、できるだろうと言った。

9）研究は問題だらけだった。が、そのたびに彼女に助けられたのだった。

（　　）問題が起きると、いつも彼女に助けてもらった。

10）返事をしたくないだけで、無視しているわけではない。

（　　）返事がいやなのだから、無視していると思われてもかまわない。

4．

1）肉を口にする　→｛食べる・話す・見る｝

2）相手の言ったことをのみこむ　→｛くりかえす・理解する・無視する｝

3）荷物をカバンに詰める　→｛入れる・少なくする・調べる｝

4）いやな友人に出くわした　→｛会った・ぶつかった・文句を言われた｝

5）住所を頭に入れておく　→｛書いておく・聞いておく・覚えておく｝

6）それを口に出してしまった　→｛しゃべって・説明して・食べて｝しまった

7）その話はみんなに受けたようだ

→　みんなは｛聞きたくなかった・話す許可をくれた・おもしろがった｝

8）彼の右に出るものはいない

→　彼より｛劣るものは・優れたものは・そばに誰も｝いない

9）仕事はもう切り上げよう　→｛続けよう・始めよう・終わろう｝

10）一台の車が目に入った　→｛走ってきた・見えた・ぶつかってきた｝

11）テニスの腕が上がる　→｛上手になる・好きになる・おもしろくなる｝

5.

心	代	程度	化	好き	感

1）その女性は40歳（　　　　　）の美しい人だった。

2）親切（　　　　　）から注意したのに、変な人だと思われた。

3）この作業が機械（　　　　　）されたのはつい最近だ。

4）ここなら一人3,000円（　　　　　）で、けっこうすごいタイ料理が楽しめる。

5）おばはとても子ども（　　　　　）で、子どもを見るとそばへ行きたがる。

6）子どものリズム（　　　　　）の良さには、大人はいつもびっくりさせられる。

関係	同士	部	後	市場

7）パンフレットは500（　　　　　）用意したけど、足りますか。

8）姉は母と妹に、「たまには女（　　　　　）で、おいしいものを食べに行こう。」と誘った。

9）父が手術を受けたと聞いたのは、それから3日（　　　　　）のことだった。

10）彼は若いときに建築（　　　　　）の仕事をしていたそうだ。

11）この商品はペット（　　　　　）で注目されている。

6.

1）初めは彼と話すことはなかったが、そのうちいっしょに買い物に行ったり、お茶を飲んだり（したことがある・するようになった）。

2）あなたは一体（何を言いたいのか・何か言ってくれないか）。

3）あの女の人、ひょっとしてゆう君の（彼女じゃない？・彼女のはずだ）。

4）あなたのお姉さん、なんとなくあの歌手に（似てる・そっくりだ）ね。

5）とりあえず忘年会の日をお知らせします。時間や場所など詳しいことは（先日伝えたとおりです・あらためてご連絡します）。

6）マラソン大会ではどうにか最後まで（走れなかった・走れた）。

7）あの二人は一見姉妹（のようだ・だそうだ）が、実は親子なんですよ。

8）買い物に行きたいんだけど何しろ（この天気だから・暇なので）。

9）いつもは優しい祖父もさすがに孫のその一言には（怒った・怒れなかった）という。

10）変だなあ、どうやら道に迷った（はずだ・らしい）よ。

11）彼女の成績は徐々に（上がっている・ずっと同じだ）。

7.
1）適切な（アドバイス・復習・温暖化）
2）適度な（優勝・夢中・運動）
3）ルーズな（部屋・経営・秘密）
4）激しい（競争・才能・売り上げ）
5）大げさに（ヒットする・差別する・表現する）
6）気が置けない（友人・自分・場所）
7）理想的な（差別・家庭環境・共感）
8）わいわい（騒ぐ・我慢する・腹を立てる）
9）過剰な（宇宙・自信・景色）
10）試合の（時間・場所・結果）が悔しい
11）お言葉に（合わせて・甘えて・従って）ごちそうになる

8.

結ぶ	あげる	示す	通う	触れる	打つ	引く

1）父親が買ってきたおもちゃに、子どもは興味を（　　　　　　）なかった。
2）姉はときどきあいづちを（　　　　　　）ながら、私の話を聞いてくれた。
3）彼女なら、このくらいの本は辞書を（　　　　　　）ずに読めるはずだ。
4）軽く手を（　　　　　　）ただけで割れそうな、薄いガラスの器だ。
5）この結果は厳しい練習が実を（　　　　　　）もので、満足だ。
6）彼は冷たい男だが、それでも血の（　　　　　　）人間だと思う。

読む・書く

1. 例：この話は会社の外部＿に＿漏れないようにしてください。

1）津波の被害は町全体＿＿＿＿＿及んだ。

2）警察が一般市民の協力＿＿＿＿＿求める。

3）この口座＿＿＿＿＿授業料＿＿＿＿＿振り込んでください。

4）社長は社員の要求＿＿＿＿＿応じるつもりはない＿＿＿＿＿みられている。

2.

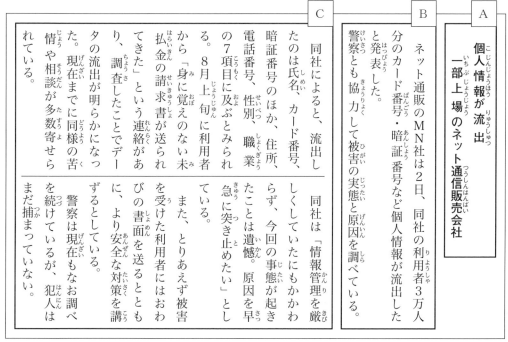

上の新聞記事を読んで、正しいものを２つずつ選んで○をつけましょう。

1）Ａ の「見出し」からどのようなことが分かりますか。

（①個人情報が漏れた　②ネット通販会社が被害にあった　③データが壊された）

2）Ｂ の「リード」から新しく何が分かりますか。

（①流出した個人情報の内容　②被害者数　③犯人についての情報）

3）Ｃ の「記事本文」を読み、どのような事実が分かりますか。

（①どのように事件が判明したか　②警察への苦情　③事件後の会社の対応）

1. 例：ハンドルを切り損ねて、事故＿を＿起こしてしまいました。

　1）階段＿＿＿足＿＿＿滑らし、捻挫してしまった。

　2）迷子にならないように、子どもから目＿＿＿離さないでください。

　3）ガスの火＿＿＿つかないんですが、どうしたらいいですか。

2.

落ち込む　　起こす　　おごる　　うまくいく　　誤る

　例：ハンドル操作を（　誤って　）、車を壁にぶつけてしまった。

　1）あんなに頑張ったんだから、きっと（　　　　　　　　　）はずだ。

　2）事故を（　　　　　　　）から後悔しても遅い。安全運転でゆっくり行こう。

　3）課長にひどく叱られて、（　　　　　　　）いる友人に、「今晩食事に行こう。僕が

　　　（　　　　　　　）から。」と誘うと、彼は急に元気になった。

3. 下の会話はどのような気持ちを話していますか。　＿＿＿＿＿　より選んで記号で答えましょう。

　1）A：どうしたの？　元気ないじゃない。

　　　B：うん、……。鍵をなくしちゃったんだ。昨日出かけるときは確かにあったんだけど、

　　　　　家に帰って、ないことに気づいたんだよ。

　　　A：そうだったの。

　　　B：あーあ。ほんと、泣きたい気分だよ。………………………………（　　）

　2）B：急いでいたんで、ジーパンのポケットに入れちゃったんだよ、……。

　　　A：くよくよしないで。どろぼうに入られなかっただけでもよかったじゃない。

　　　　　不幸中の幸いだよ。………………………………………………（　　）

　3）B：まいったなあ。どうしよう。

　　　A：新しい鍵を作ればいいじゃない。ものは考えようだよ。………………（　　）

a．悪い状況も見方を変えればよく見えることを示して、慰めます。 b．不幸な出来事から一つ幸運だったことをあげて、慰めます。 c．失敗や苦い経験を話し、落ち込んでいる気持ちを伝えます。

下の [　　　] にはAから、（　　　）にはBから適当なものを選び文を完成させましょう。

1．A．[注文　要望　招待　変化]

　　B．
a．言葉の使われ方も変わる	b．新しく公園をつくった
c．二度訪問している	d．製品の開発を進めた

　　1）市は市民の [　　　　] に応じて、（　　　）。

　　2）日本の首相は、インドの首相からの [　　　　　] に応じて、インドを（　　　）。

　　3）取引先の [　　　　] に応じて（　　　）。

2．例：ATMのトラブル（についての・(による)）被害は、日本中に広がった。

　　1）地球温暖化（によって・に関して）、世界の気候が大きく変化してきている。

　　2）円高（に応じて・により）、海外への輸出量が減っている。

3．正しい使い方をしているものを選んで○をつけましょう。

　　1）①私の父は今晩8時頃家に帰ってくるとみられている。（　　　）

　　　　②私の父の会社は今後も輸出が伸びるとみられている。（　　　）

　　　　③犯人は現場から車で逃げたものとみられている。（　　　）

　　2）①政府は今年中に消費税を上げるとしている。（　　　）

　　　　②僕の妹は来年ジャンさんと結婚するとしている。（　　　）

　　　　③学校側はインフルエンザの流行に備えて、さまざまな対策を立てるとしている。（　　　）

4．例：一生懸命勉強したにもかかわらず、試験に合格（できた・(できなかった)）。

　　1）あいにくの天気にもかかわらず、夫はゴルフに（出かけた・出かけなかった）。

　　2）彼は病気が完全に回復しているにもかかわらず、（働いている・働いていない）。

　　3）最近は高齢にもかかわらず、海外旅行を楽しむ人が（増えている・増えていない）。

5. 例：彼女はコンビニで働き続けるとともに ・　　　　　・本社も移転した。

　　1）子どもが成長するとともに　　　　　・　　　　　・歌手になる夢を捨てなかった。

　　2）社名を変更するとともに　　　　　　・　　　　　・家族旅行をしなくなった。

　　3）就職するとともに　　　　　　　　　・　　　　　・北京の支店で働くこととなった。

6. 例1：財布をなくしたので、警察に（届ける・⟨届けた⟩）ところ、すぐに見つかった。

　　例2：アイロンがつけっぱなしで、火事に（⟨なる⟩・なった）ところだった。

　　1）先週、先生を（お訪ねする・お訪ねした）ところ、大変喜んでくださった。

　　2）地震があったので、テレビで（確認しよう・確認した）ところ、津波の心配はないということで、安心した。

　　3）今日テストがあることを教えてくれてありがとう！（忘れる・忘れた）ところだった。

　　4）今朝寝坊して、もう少しで（遅れる・遅れた）ところだった。

　　5）友達から電話がなかったら、レポートを（忘れる・忘れなかった）ところだった。

7.
高い　　遅い　　落ち込む　　速い

　　例：帰りがあんまり［　遅い　］から、　　　　　　━━━━━事故にでもあったかと心配した。

　　1）電気料金があんまり［　　　　］ので、　　　・　　　・試験に落ちたのかと思った。

　　2）友達に会ったら、あんまり［　　　　　］ので、・　　　・会社に問い合わせた。

8.
子　　日　　彼　　とき

　　例：忙しい［　とき　］に限って、＿＿＿残業＿＿＿を頼まれる。

　　1）試験や試合など大切な［　　　　］に限って、＿＿＿＿＿＿が悪くなる。

　　2）何かあったのかな？　あのまじめな［　　　　］に限って、＿＿＿＿＿＿もせずに会議に遅れることはないだろう。

　　3）うちの［　　　　］に限って、＿＿＿＿＿＿をするはずはない。

読む・書く

1．例：日本は47の都道府県＿＿から＿＿なっている。

　　1）古いシステムの不備＿＿＿＿補い、新たにシステムを更新した。

　　2）西洋の先進国＿＿＿＿ならって、突然改暦＿＿＿＿実施した。

　　3）日本へ来たばかりの頃、日本の習慣＿＿＿＿戸惑うことが多かった。

　　4）私の国でも経済や政治の分野でさまざまな問題＿＿＿＿抱えている。

2．①～④には（呼び名・暦）、⑤⑥には（太陰太陽暦・太陽暦）、⑦⑧には（旧暦・新暦）の
　　どちらか適当なものを選び下の（　　　）に書き入れましょう。

> 　なぜ、英語の月名 October が「Oct」の元の意味の8とは違い10月と呼ばれるようになったのだろうか。古代ローマで使われていた（①　）は1年が304日、10か月からなり、それは現在の3月から始まっていた。8番目の月が今の10月に当たるので、「October」と呼ばれたのである。しかし、その（②　）の不備を補い2か月を加えた新しい（③　）になっても、（④　）はそのままにしたため、このようになったのである。
>
> 　日本の暦が（⑤　）から（⑥　）へ変更された際も1年の始まりが両者で異なっていたため、同じようなことが起こった。（⑦　）の新しい年の始まりは立春、（⑧　）の2月初旬であったため、季節にずれが生じたのである。

　　（①　　　　　　）（②　　　　　　）（③　　　　　　）（④　　　　　　）
　　（⑤　　　　　　）（⑥　　　　　　）（⑦　　　　　　）（⑧　　　　　　）

3．正しい方に○をつけましょう。
　　例：諸外国との外交（　上・中　）、新制度の導入は避けられなかった。

　　1）暦は生活に欠かせないが、暦に（　補う・まつわる　）話はあまり知られていない。

　　2）（　旧暦・新暦　）というのは、月の動きに合わせて作られた暦のことである。

　　3）新政権の財政は（　収入・支出　）に比べて（　収入・支出　）が多かったため、苦
　　　　しいものであった。

　　4）政府は明治5年を12月2日で終わらせ、突然（　前日・翌日　）から明治6年にする
　　　　という決断をした。

　　5）改暦を行った真の（　ねらい・本来　）は財政難を改善するためであった。

1．例：知人＿＿と＿＿歓談しているところへ国の母から電話＿が＿入った。

　　1）よくお手伝いするので、子ども＿＿＿＿褒めてやりました。

　　2）このタイ料理は日本人の口＿＿＿＿合うように作られている。

　　3）節分の時には豆＿＿＿＿まく習慣がある。

　　4）「頑張れ！」と選手＿＿＿＿声＿＿＿＿かける人がたくさんいた。

2．Aさんは友人の家を訪問しました。友人の奥さんのBさんと話しています。
　　┌──┐から言葉を選び、必要なら適当な形に変えて会話を完成させましょう。

| 久しぶり　　おかまい　　座る　　休み　　遠慮なく　　ゆっくり |
| 口に合う　　ご無沙汰する　　邪魔する　　失礼する |

　　例：しばらく会っていない奥さんに挨拶するとき

　　　　A：ご無沙汰しています。

　　　　B：お久しぶりですね。お元気そうでよかったです。

　　1）お土産を渡すとき

　　　　A：これ、＿＿＿＿＿＿＿＿＿＿かどうか分かりませんが、召し上ってください。

　　　　B：ありがとうございます。＿＿＿＿＿＿＿＿＿＿いただきます。

　　2）休日に招待してもらってお礼を言うとき

　　　　A：今日は＿＿＿＿＿＿＿＿のところ、＿＿＿＿＿＿＿＿申し訳ありません。

　　　　B：いいえ、何の＿＿＿＿＿＿＿＿もできませんが、どうぞ＿＿＿＿＿＿＿＿なさって

　　　　　　ください。

　　　　A：ありがとうございます。

　　3）いすを勧められたとき

　　　　B：こちらにどうぞ＿＿＿＿＿＿＿＿ください。

　　　　A：はい。＿＿＿＿＿＿＿＿。

3．話す相手や状況によって、話すスタイルを変えましょう。

　　1）動物園でサルにえさを与えないように注意するとき

　　　　大人には「サルにえさを＿＿＿＿＿＿＿＿。」と言い、

　　　　子どもには「サルにえさを＿＿＿＿＿＿＿＿。」と言う。

　　2）子どもが電話に出たとき、母親を呼んでもらうのに「＿＿＿＿＿＿＿＿いますか？」と

　　　　聞く。

文法・練習

1. 例：先週車で長野に向かったが、吹雪＿に＿遭い、途中＿で＿引き返した。

　　1）デザートとしてはケーキやアイスクリームなど＿＿＿＿好まれる。

　　2）子ども＿＿＿＿持ってはじめて親の苦労＿＿＿＿分かりました。

　　3）彼は新入社員にもかかわらず、電話＿＿＿＿応対＿＿＿＿うまい。

　　4）私は家に帰ったら、まず、楽な服＿＿＿＿着替えることにしている。

2. 例：日本は47の（⦅都道府県⦆・市町村）からなっている。

　　1）サッカーは11人の（選手・学生）からなるチームで試合を行うスポーツだ。

　　2）新聞は政治・経済や社会（面・記事）などからなっている。

3. 例：転職した大きな理由としては、　　　　　　　　　・　　・交通安全上、非常に危険だ。

　　1）スマホをしながら歩くのは、　　　　　　・　　・親の介護があげられる。

　　2）テレビを一日中つけっぱなしにするのは、・　　・家族を守っているつもりなんだ。

　　3）これでも、お父さんとしては、　　　　　・　　・子どもの教育上、良くない。

4. 同じ用法のものをa.～d.から選びましょう。

> a. 戦争によって多くの命が失われた。
> b. この絵はピカソによって描かれた。
> c. 言葉や文化は国によって違う。
> d. インターネットによっていろいろな情報が集められる。

　例：バスの事故により高速道路は大変な渋滞となった。（a）

　　1）日本語にも、地方によっていろいろな言葉がある。（　　）

　　2）携帯電話の普及によっていつでも連絡がとれるようになった。（　　）

　　3）この本は村上春樹によって、新しく翻訳された。（　　）

　　4）日本では季節によって景色が変わる。（　　）

　　5）この会社は、工場を海外に移したことにより、生産コストを下げることに成功した。（　　）

5．例：足跡が複数（　ある　）ことから、犯人は一人ではないものと考えられる。

　　　1）夜になるとうるさいという苦情が（　　　　　）ことから、カラオケが禁止となった。

　　　2）この辺りは緑が多く（　　　　　）ことから、住宅地として人気がある。

　　　3）私は両親が（　　　　　）ことから、当然医者になるだろうと友人から思われていた。

6．例1：生産コストが上がったため、商品の値段を上げざるを得なくなった。

　　　例2：財政難のため、人件費をカットせざるを得なくなった。

　　　1）吹雪のため、途中で＿＿＿＿＿＿を得なくなった。

　　　2）台風の影響で、運動会を＿＿＿＿＿＿を得なくなった。

　　　3）父の会社が倒産し、留学する夢を＿＿＿＿＿＿を得なくなった。

7．正しいものには○、間違っているものには×を（　　）に書きましょう。

　　　1）うちのポチったら、犬なのにストーブの前から動かないんですよ。（　　）

　　　2）先生ったら、とても分かりやすく教えてくださるんです。（　　）

8．例：この絵は＿一日で描いた＿にしてはよく描けている。

　　　1）彼はカナダに＿＿＿＿＿＿＿にしては英語が上手ではない。

　　　2）彼女の料理の腕は＿＿＿＿＿＿＿にしてはたいしたものだ。

　　　3）これほど＿＿＿＿＿＿＿にしては値段が安い。

9．例：日本に留学したからには、（ c ）。

　　　1）試合に出るからには、（　　）。

　　　2）希望の会社に就職したからには、（　　）。

a．しっかりと働きます	b．必ず勝ちたいと思います
c．日本の歴史を詳しく知りたい	d．練習をしなくても大丈夫です

10．誰に向かって言っているのでしょうか。言われた人は何をした/していたのでしょうか。

　　　例：「誘ったのはあなたでしょ。」←友人に／私を誘ったのに自分は来なかった

　　　1）「やめなさい！　今、食事中でしょ。」←＿＿＿＿＿＿＿＿＿＿＿＿＿＿

　　　2）「甘い物、食べ過ぎ！　体に悪いでしょ。」←＿＿＿＿＿＿＿＿＿＿＿＿＿＿

読む・書く

1. 例：新品のテレビ＿を＿ 安く手に入れることができてうれしい。

　　1）彼はテーブルに置かれた瓶に目＿＿＿とめて、それを手＿＿＿取った。

　　2）名前を聞いただけでは、その人がどこの国の人か見当＿＿＿つかない。

　　3）彼女は壁に掛かった時計を横目＿＿＿見ながら電話で話していた。

　　4）価値観＿＿＿異なる人と話すと、いろいろな発見があって、おもしろい。

2. 1）（　　　）に下の　　　　　から適当な言葉を選び正しい形に変えて文を完成させましょう。

　　2）AとBにそれぞれ適切な言葉を選び書き入れましょう。

　　　　　ぴったり　　ぴかぴか　　さっぱり　　ちらちら

　　　　A（　　　　　　　）　　　B（　　　　　　　）

　　　┌───┐
　　　│ 目をとめる　　横目で見ている　　申し出る　　びっくりする　　手に入れる │
　　　│ そうざらにあるものではない　　価値を感じる　　使い続けている │
　　　└───┘

　　例：もし渡辺昇がいなかったら、僕はいまも薄汚い鉛筆削りを（使い続けていた）に違いない。

　　　① 渡辺昇のおかげで僕は最新式の鉛筆削りを（　　　　　）ことができたのだ。

　　　② 渡辺昇は台所に入ってくると、すぐにテーブルの上の古い鉛筆削りに（　　　　　）。

　　　③ 渡辺昇は排水パイプの修理をしているときも、テーブルの上を＿A＿と（　　　　　）。

　　　④ 修理が終わると渡辺昇は僕の古い鉛筆削りと彼の持っている＿B＿の最新式の鉛筆削りとの交換を（　　　　　）。

　　　⑤ 僕はその申し出に（　　　　　）。こんな幸運は（　　　　　）。

　　　⑥ 鉛筆削りのコレクターである渡辺昇は僕の古い鉛筆削りに（　　　　　）のである。

3. 次の言葉の意味に近いものはどれですか。適切なものに○をつけましょう。

　　1）目をとめる

　　　① 見るのをやめた　　② 一瞬じっと見た　　③ 横目で見た

　　2）そうざらにあるものではない

　　　① 何度もあるものではない　　② 珍しいことではない

　　　③ 今まで経験したことがない

　　3）価値を感じる

　　　① 値段の高いものだと思った　　② 珍しくて良いものだと思った

　　　③ ちょうどいい値段だと思った

1．例：友人＿＿と＿＿歓談しているところへ奥様がお茶を運んで来てくださいました。

1）いいパソコンなんだけど、ちょっと大きいのが気＿＿＿＿入らない。

2）ワインを出してきて慣れた様子で栓＿＿＿＿抜いた。

3）新婚旅行で買った大事なグラス＿＿＿＿欠けてしまった。

4）この前は僕＿＿＿＿都合＿＿＿＿会えなくてごめんね。

2．下の1）2）の会話をそれぞれ ☐☐☐☐ の中から適当なものを選び、完成させましょう。
（A、Bは友人同士、1）2）は一つの会話の流れです。）

1）AはBに貸した本がなかなか返してもらえず、怒っている。

A：ねえ、この前貸した本、まだ読んでいないの？　もう1か月も経つのに…。

B：①＿＿＿＿＿＿

A：借りたらなかなか返さないのってしょっちゅうだよね。メールで連絡ぐらいできるんじゃない？

B：②＿＿＿＿＿＿

A：え、また？　この前も仕事のせいにしたよね。だいたい君はいつもすぐに返さなくて、平気なんだ。おまけに連絡する気もないんだ。

B：③＿＿＿＿＿＿
　　お互いさまじゃないか。

> a．悪いとは思っているけど、そんなに言わなくたっていいじゃない。君こそ何の連絡もせずに来なかったことあったよね。
> b．この間から仕事が忙しくて、なかなか読む時間がなくって…。
> c．ごめんね。返さなきゃ、と思ってはいるんだけど。

2）仲直りをする。

A：ごめん。ちょっと言い過ぎたみたいだな。①＿＿＿＿＿＿

B：うん、僕こそ、ごめん。②＿＿＿＿＿＿

> a．一度連絡しておけば、よかった、…。
> b．本を読む時間もないくらい忙しかったんだね。

文法・練習

1．例：昨日けんかをしてから、彼は全然口＿を＿きいてくれない。

1）電子辞書＿＿＿＿調べたことは紙の辞書と比べて記憶＿＿＿＿残りにくい。

2）女優になる夢＿＿＿＿かなったら、両親もどんなにか喜ぶでしょう。

3）先生から紹介された本を探しに行ったが、その本屋＿＿＿＿は置いてなかった。

4）病気＿＿＿＿なってはじめて健康の大切さ＿＿＿＿知りました。

2．例：渡辺さんは時間が守れない人だ。今日も＿遅れて来る＿に違いない。

1）シェフが作った料理だから、＿＿＿＿＿＿＿＿＿＿＿に違いない。

2）玄関に置いた傘がなくなっている。誰かが＿＿＿＿＿＿＿＿＿＿に違いない。

3）難しい仕事だけど、彼なら＿＿＿＿＿＿＿＿＿＿に違いない。

3．例：今年は［　　　　］が来るのが遅かった。（　去年　）

→　今年は去年に比べて［　春　］が来るのが遅かった。＿

1）日本人は［　　　　］をよく食べます。（　アメリカ人　）

→　＿＿＿＿＿＿＿＿＿＿＿＿＿＿＿＿＿＿＿＿＿＿＿＿＿。

2）船便は安く［　　　　］を送ることができます。（　航空便　）

→　＿＿＿＿＿＿＿＿＿＿＿＿＿＿＿＿＿＿＿＿＿＿＿＿＿。

3）今日は暑いですが、湿気が少なくて［　　　　］です。（　昨日　）

→　＿＿＿＿＿＿＿＿＿＿＿＿＿＿＿＿＿＿＿＿＿＿＿＿＿。

4．例1：親は子どもの幸せを願うものだ。

例2：人の悪口は言うものではない。

1）遅くなるときは＿＿＿＿＿＿＿＿＿＿＿＿＿＿＿＿ものだ。

2）電車の中では＿＿＿＿＿＿＿＿＿＿＿＿＿＿＿＿＿ものではない。

3）町の中で知っている人に会ったら、＿＿＿＿＿＿＿＿＿＿＿＿＿＿ものだ。

4）敬語の使い方は難しくて＿＿＿＿＿＿＿＿＿＿＿＿＿＿ものではない。

5．例：木の上で鳴いている鳥を見つけて→「いた、いた。」

1）探していた本を図書館で見つけて→「＿＿＿＿＿＿＿＿。」

2）「見てごらん。今日の富士山きれいだよ。」→「どこ？　あ、＿＿＿＿＿＿＿。」

6．例：どうしてスマホばかり見ているの？
　　　　… だって、<u>すること</u>がないんだもの。
　　1）どうして部屋の掃除をしないの？
　　　　… だって、＿＿＿＿＿＿＿＿＿＿＿＿＿＿＿＿＿もん。
　　2）どうしてそんな古いパソコンを使っているの？
　　　　… だって、＿＿＿＿＿＿＿＿＿＿＿＿＿＿＿＿＿もの。
　　3）どうして部屋で勉強しないの？
　　　　… だって、＿＿＿＿＿＿＿＿＿＿＿＿＿＿＿＿＿もん。

7．例：きれいに掃除したところで、　　・　　　・信じてもらえないだろう。
　　1）大きい自動車を買ったところで、・　　　・すぐに上手になるものではない。
　　2）本当のことを話したところで、　・　　　・運転が大変なだけだ。
　　3）いくら練習したところで、　　　・　　　・子どもがすぐに汚してしまう。

8．
| 乗り物　　昨日　　パソコン　　バス　　韓国語 |

　　例：日本語は漢字が難しいかもしれないけど、＿韓国語＿だって発音が難しい。
　　1）息子は毎朝7時前に家を出ます。＿＿＿＿＿だって休みなのにサッカーの練習があると
　　　言って朝早く出掛けて行きました。
　　2）鈴木さんは機械に強いから、＿＿＿＿＿だって直せると思うよ。
　　3）車がなくても＿＿＿＿＿でだってその温泉に行くことはできます。

9．例：どうぞよろしくお願いします。　…（　①　）こそ、どうぞよろしく。
　　　　① こちら　　② こちらに　　③ あなた
　　1）この映画は子ども向けだが、本当は（　　　）こそ見てもらいたい。
　　　　① こちら　　② 大人が　　③ 大人に
　　2）日本語も実際の生活の中で（　　　）こそ意味があるのです。
　　　　① 使える　　② 使えて　　③ 使えた
　　3）あなたのことが嫌いなわけではありません。成功してほしいと（　　　）こそ厳しくし
　　　ているのです。
　　　　① 思う　　② 思うから　　③ 思い

名前

1.
にもかかわらず　　ざるを得なかった　　に応じて
に違いない　　による　　とともに

1）彼は相手の請求＿＿＿＿＿＿＿＿お金を払ってしまったとみられる。

2）彼は病気＿＿＿＿＿＿＿＿、働か＿＿＿＿＿＿＿＿。

3）ふるさとで母の料理を味わう＿＿＿＿＿＿＿＿、なつかしい友人にも会えた。

4）これは不注意＿＿＿＿＿＿＿＿事故＿＿＿＿＿＿＿＿。

に限って　　として　　からには　　からなる

5）災害現場には50人＿＿＿＿＿＿＿＿医療チームが派遣された。

6）健康な人＿＿＿＿＿＿＿＿無理をするものだ。

7）人気のあるアニメ＿＿＿＿＿＿＿＿まずあげられるのは何ですか。

8）試合に出る＿＿＿＿＿＿＿＿優勝を目指します。

2.
件　面　諸　権　費　難　計　連れ

1）午前に3時間、午後に6時間、（　　　）9時間という大変長い会議だった。

2）父はその日の新聞を広げると、まず経済（　　　）から読み始める。

3）首相は会見でアジア（　　　）国との関係を重視していくと述べた。

4）政府は増税によってこの財政（　　　）を乗り切ろうとした。

5）その商品に対する苦情が1日に数十（　　　）も寄せられた。

6）スーパーの店長は人件（　　　）節約のために、パートの人数を減らした。

7）連休とあって、そのテーマパークは親子（　　　）でにぎわっている。

8）私の国では、18歳になると選挙（　　　）が与えられる。

3.
1）市長は市民の要望に応じて、図書館をつくることに（した・反対した）。

2）大地震だったにもかかわらず、被害は（ほとんどなかった・大きかった）。

3）歯があんまり痛かったので、（我慢していた・病院へ行った）。

4）電車に荷物を忘れるところだった。（気をつけ・駅に問い合わせ）ないと。

5）お金がない時に限って、（お金が必要になる・友人に貸してもらう）ものだ。

6）日本人の好きな食べ物として、ラーメン（があげられる・に違いない）。

7）今回の調査によって（興味深い結果が得られた・結果が興味深かった）。

8）そんな大声で話すものではないと、（褒められた・注意された）。

9）急いだところで、（たぶん間に合います・間に合いません）よ。

10）あの家には広い庭があって、プールだって（ある・ない）んですよ。

4．○ですか、×ですか。
1）全国大会での優勝によって、このチームの人気がますます高まった。

（　　）このチームの人気が高まったのは全国大会で優勝したからだ。

2）大学としては来年度からの授業料値上げの方針は変わらないとしている。

（　　）大学は授業料を値上げするかどうかはまだ分からないと言っている。

3）コーヒーカップがあまり熱かったので、落としてしまうところだった。

（　　）カップが熱かったために、落としてしまった。

4）急いでいる時に限って、なぜ事故で電車が止まったりするのだろうか。

（　　）急いでいる時に電車が止まると、本当に困る。

5）自動車は、数万個ほどの部品からなっているという。

（　　）自動車の部品は全部で数万個もあるそうだ。

6）その件につきましては、私は立場上、何も申し上げられません。

（　　）私の立場では、その件は全く知らないことだ。

7）罰金制度を導入することによって、歩きたばこをする人を減らすことができた。

（　　）罰金制度にする前は、歩きたばこをする人が多かった。

8）彼はどんな事情があったのか、留学をあきらめざるを得なかったそうだ。

（　　）彼はどんなことがあっても、留学をあきらめなかった。

9）彼女とテニスをしたが、6年やっていたにしてはちょっとね…。

（　　）彼女は6年もテニスをやっていただけに、さすがに上手だ。

10）自分が悪いことをしていなければ、簡単に謝るものではない。

（　　）自分が悪くなかったら、簡単に謝るな。

5.

離す	寄せる	滑らす	合う	とめる	つく	きく

1）私の作った料理が、みなさんのお口に（　　　　　）か心配です。

2）当店のこのポスターについて、ご意見をお（　　　　　）ください。

3）美術館でぶらぶらしていた彼女が、ふと一つの作品に目を（　　　　　）た。

4）親に向かって、そんな口を（　　　　　）てはいけませんよ。

5）この寒さで道が凍り、家を出たとたん、足を（　　　　　）てしまった。

6）ちょっと目を（　　　　　）たら、猫が魚をとって逃げていった。

かける	切る	求める	振り込む	とる	抱える	入れる

7）彼の家庭は一見幸せそうに見えるが、実は問題を（　　　　　）ていた。

8）彼は楽をして大金を手に（　　　　　）ことばかり考えていた。

9）犯人に関する情報を得ようと、警察は市民に協力を（　　　　　）た。

10）そんな大きなベッド、場所を（　　　　　）だけで、じゃまだよ。

11）「そこを左へ」と言われた運転手は左へハンドルを（　　　　　）た。

12）教室で勉強していると、先生が「熱心だね」と声を（　　　　　）きた。

6.

苦い	痛い	急激[な]	不要[な]	鋭い	唐突[な]	意外[な]
薄汚い		うらやましい	ふさわしい	素直[な]		ありがたい

1）今週中にレポートを出さないといけない。頭が（　　　　　）よ。

2）国民の誰もがその国の首相に（　　　　　）人が選ばれることを望んだ。

3）あのおとなしい彼が相撲をとるなんて（　　　　　）ですね。

4）私にとって、頑張れという応援が何より（　　　　　）んです。

5）だまされてお金を振り込んでしまったという（　　　　　）経験がある。

6）大昔、気候の（　　　　　）変化などで地球から姿を消した動物がいた。

7）お金がたくさんある人を見ても、私は（　　　　　）とは思わない。

8）このロープ、よほど（　　　　　）ナイフで切ったみたいですね。

9）妹は子どもの頃、親の言うことをよくきく（　　　　　）子だった。

10）社員を3割減らすという社長の（　　　　　）発表に、みんな驚いた。

7.

1）警官は逃げる犯人を（必死に・盛んに）追いかけた。

2）彼は日本の温泉について、日本人より（よほど・ざらに）詳しい。

3）イベントに集まった人は、予想より（はるかに・既に）多かった。

4）この仕事は（突然・本来）私がやるべきものだった。

5）この2つの箱、（要するに・微妙に）大きさが違うね。

6）この件に関しては（おそらく・しっかり）誰も納得していないと思う。

7）「すごい渋滞！　電車で来たほうがよかったんじゃない？」

　　「（本来・そもそも）車で行こうと言ったのはあなたじゃない！」

8.

1）証明書発行には3日ないし（5日ほど・あさってまで）かかります。

2）彼女、すごいね。たった（3か月・5年）で英語がぺらぺらだ。

3）あんな（成功・失敗）なんかでくよくよしてはいけない。

4）「大丈夫だよ」という先生の言葉に思わず（頑張った・涙が出た）。

5）道がぬれていて、危うく（転ぶところだった・転んでしまった）。

6）その件については、既に説明して（おきます・あります）。

7）そういうひどい犯罪はそうざらに（ないことも・あるものでは）ない。

8）何が気になるのか彼はちらちらと（こちらを見ていた・捜していた）。

9）そのようなファッションは今どき（はやっている・はやらない）よ。

32

読む・書く

1. 例：専門のチーム＿を＿組んで、この課題＿に＿取り組む。
   1）人形の足が取れたので、ガムテープ＿＿＿＿巻いて直した。
   2）知恵＿＿＿＿絞って、自分たちでダンス＿＿＿＿創作した。
   3）野菜作りを通して、自然と人間とのよい関係が身＿＿＿＿つく。
   4）常に知識と技術の向上＿＿＿＿努めている。
   5）日本のアニメは人気があり、世界中＿＿＿＿広まっている。

2. 例：「ロボットコンテスト（ロボコン）を（提唱し・発明し）、その普及に（努めて・考えて）きたのは森教授である。
   1）「ロボコン」とは、与えられた課題を（達成する・成功する）ロボットを設計し、（製作し・創造し）、競技を行うというものである。
   2）森教授は大きな教育的（効果・成長）が上がると考え、ロボコンの（流行・普及）に取り組んできた。
   3）ロボコンを通して生徒たちは（伝統的・創造的）な技術力、物と（材料・人間）とのよい関係、（チームワーク・グループ）の大切さなどを学ぶという。
   4）ロボコン教育は生徒たちを（肉体的・精神的）に成長させる人間教育として（注目・注意）されるようになり、（対象・実行）も中学校にまで広まった。

3. 「自分で作った弁当を学校に持って行く」というような日常的な活動を毎月1回行っている学校があるそうだ。学校ではこの活動にどのような教育的効果を期待しているのだろうか。＿＿＿＿の中から適当なものを選び、文を完成させましょう。

美しさを感じる心　　時間を上手に使うこと　　食事の大切さ
地域でとれる野菜や魚　　考える喜び

   例：弁当を作ることによって、食事の大切さをあらためて考えるようになる。
   1）栄養や味、美しさを考えてメニューを作ることから＿＿＿＿＿＿＿＿＿が味わえる。
   2）自分で材料を買うことから＿＿＿＿＿＿＿＿＿を知ることができる。
   3）料理を作る順番を考えることにより＿＿＿＿＿＿＿＿＿ができるようになる。
   4）料理を美しく弁当の箱に詰めることにより＿＿＿＿＿＿＿＿＿が養われる。

1．例：ずっと補欠選手で、一度もレギュラー＿に＿なったことがない。

　　1）成功者の言葉やことわざをビジネス＿＿＿＿役立てる。

　　2）そんなありきたりの話では、人＿＿＿＿感動させられない。

　　3）自己紹介で自分の得意なこと＿＿＿＿アピールする。

　　4）高校時代は部屋＿＿＿＿こもって、ゲームばかりしていた。

　　5）留学の経験を就職＿＿＿＿生かせたらいいなと思います。

2．
> 　　川田です。私は小学校のときからピアノが（例：上手・⦅得意⦆）でした。ちょっと（①自慢話になりますが・恥ずかしい話ですが）、高校のときには全国ピアノコンクールに出場したこともあります。優勝はできませんでしたが、優秀賞はいただくことができました。この（②試験・経験）をこれからの仕事に（③生かせたらいいな・努力できる）と思います。

　　1）上の（　　　）の中の正しい方に○をつけ、スピーチを完成させましょう。

　　2）下の文章は上のスピーチについて書いたものです。次の［　　　］より適当な言葉を選び、文章を完成させましょう。

> 　言い方　　誤解　　自慢できる　　アピール

　　　　このスピーチは、他の人に（①　　　　　　）経験を披露し、自分のやりたいことを（②　　　　　　）しています。注意しないと聞いた人から（③　　　　　　）されることもあるので、表現や（④　　　　　　）には気をつけましょう。

3．
> 　　私は大学時代、釣りに夢中でした。ほとんど授業にも出ず、釣りばかりしていました。（①言い換えれば・いわゆる）釣りバカ（②と言われていました・でした）が、釣りの（③おかげ・せい）で大勢の仲間ができました。

　　1）上の（　　　）の中の正しい方に○をつけ、スピーチを完成させましょう。

　　2）（　　　）の中の正しい方を選び、文を完成させましょう。
　　　　このスピーチは一般的には（マイナス・プラス）と考えられる経験を述べて（釣り・自分）をアピールしている。

1. [   ] にはAから、＿＿＿＿＿にはBから適当な言葉を選び、文を完成させましょう。
    A：老人　男性と女性　留学生　サラリーマン家族
    B：実施する　立ち上げる　販売する　調査する
    例：20歳以上の［男性と女性］を対象に休日の過ごし方について＿調査した＿。
    1）その会社はアジアからの［　　　　　　　］を対象に、奨学金の制度を＿＿＿＿＿＿＿。
    2）若い［　　　　　　　　］を対象に、マンションを＿＿＿＿＿＿。
    3）政府は［　　　　　　　］を対象に、医療費の値上げを＿＿＿＿＿＿＿。

2. 例：このマンガは子どもばかりでなく、大人にも読まれている。
    1）彼は英語ばかりでなく、スペイン語やベトナム語も＿＿＿＿＿＿。
    2）このテレビ番組は男の子ばかりでなく女の子にも＿＿＿＿＿＿。
    3）首相は首都ばかりでなく、地方の都市も＿＿＿＿＿＿する計画らしい。

3. [   ] 中のa.～e.から適当なものを選び、例のように文を完成させましょう。
    例1：けがをしても頑張るのは、選手としての責任感にほかならない。
    例2：このような事件が起きたのは、インターネットが普及したからにほかならない。
    1）合格できたのは、＿＿＿＿＿＿＿＿＿にほかなりません。
    2）今回の教授の受賞は、＿＿＿＿＿＿＿＿にほかなりません。
    3）子どもが助かったのは、＿＿＿＿＿＿＿にほかならない。

    > a．ご自身・努力・結果
    > b．受け持ちの先生・家族・サポート
    > c．選手・責任感
    > d．インターネット・普及
    > e．幸運

4. 例：インターネットを通して、二人は知り合ったそうです。
    1）彼女は＿＿＿＿＿＿＿＿を通して、日本の習慣を身につけたそうです。
    2）成功だけではなく＿＿＿＿＿＿＿＿を通して、人は多くのことを学ぶのです。
    3）子どもは＿＿＿＿＿＿＿を通して、いろいろなことを覚えてくる。
    4）＿＿＿＿＿＿＿を通して、＿＿＿＿＿＿＿を楽しむ喜びを知りました。

5．例：昨日は北海道から関東にかけての広い範囲で雪が降った。

　　1）東京でも昨晩から＿＿＿＿にかけて雪が降り、起きたときには積もっていた。

　　2）桜前線は南から＿＿＿＿にかけて日本列島を北上していく。

　　3）人気のあのグループは桜の咲く春から雪が降り始める＿＿＿＿にかけて、子ども応援コン
　　　　サートを10回以上も開くそうだ。

　　4）今日の午後1時から＿＿＿＿にかけての2時間、この道路は水道工事のため通れません。

6．
買う　　味　　気が合う　　成績　　流行する

　　例1：この店のラーメンは＿味＿はともかく、量が多すぎて全部食べられない。

　　例2：＿＿買うかどうか＿＿はともかく、値段がどのくらいか調べてみよう。

　　1）この商品が＿＿＿＿＿＿＿はともかく、私は気に入っている。

　　2）彼の営業の＿＿＿＿＿＿＿はともかく、お客さんの評判はとてもいい。

　　3）＿＿＿＿＿＿＿はともかく、一度彼に会ってみたらいいと思うよ。

7．例：車を買うためには、（　①　）
　　　　①　最低100万円くらい必要だ。　　②　毎月5万円貯金している。

　　1）いい音を出すためには、（　　　　）
　　　　①　毎日練習している。　　　　　　②　毎日練習しなければならない。

　　2）勝利のためには、（　　　　）
　　　　①　頑張って練習している。　　　　②　全員の協力が求められる。

8．例：父はアナウンサーという職業は決して華やかなだけのものではないと言った。
　　　　アナウンサーという仕事は華やかなものである。（　×　）

　　1）会社側は事故の責任を決して認めようとはしなかった。
　　　　会社側は事故の責任を認めなかった。（　　　）

　　2）落とし物が中身ごと戻ってくるということは決してないことではない。
　　　　落とし物が中身ごと戻ってくるということがある。（　　　）

　　3）相撲は決してサッカーと同じように人気があるスポーツではない。
　　　　相撲はサッカーと同じように人気のあるスポーツだ。（　　　）

読む・書く

1．例：彼は、優れたノンフィクション作品＿に＿与えられる賞＿を＿受賞した。
    1）彼女はホームステイ＿＿＿日本文化＿＿＿少し理解したようだ。
    2）服を買うとき、値段よりデザイン＿＿＿重視する。
    3）最近、日本人＿＿＿接する機会＿＿＿増えた。
    4）日本旅行は今回＿＿＿含める＿＿＿3回目だ。

2．

経験	組織	楽器	初心者	修業	内外	奏者	音色	理解

    例：クリストファー遙盟さんは邦楽器、尺八の（　奏者　）である。
    1）現在は日本の（　　　　　）で尺八を教えながら演奏を続けている。
    2）彼は尺八の（　　　　　）に魅せられて尺八の（　　　　　）を始めた。
    3）（　　　　　）にとって尺八ほど厄介な（　　　　　）はないと言われている。
    4）彼が戸惑ったのは複雑な（　　　　）の在り方であった。
    5）30年にわたる（　　　　）の末、言葉や人間関係の中にいることが尺八の徹底的な
      （　　　　）につながった、という。

愛好者	人類	いやし	固有	人口

    6）武満徹の曲の中で使われて以来、尺八の（　　　　　）は海外で増えていった。
    7）90年代に入って、世界の尺八（　　　　）は急速に増加した。
    8）尺八は本来そうであったように「（　　　　　）」の音楽として注目されている。
    9）クリストファー遙盟さんは民族音楽について民族（　　　　）の音楽であるとともに
      （　　　　）全体の宝であると考えている。

3．＿＿＿＿の部分とだいたい同じ意味のものはどちらですか。
    1）これぞ音という音に出会った。（　これこそが求めていた音・音といったらこの音）
    2）この店は知る人ぞ知る名店なんだ。
      （誰でも知っている・その良さを知っている人だけが知っている）
    3）君覚えてないの？　確かに昨日話したはずだぞ。
      （昨日話したかどうか分からない・昨日間違いなく話した）
    4）あっさりと音を出すことができた。（さっぱりと・簡単に）
    5）和食はあっさりとした味の料理が多い。（しつこくない・簡単な）

1. 例：子どものとき　から　ニックネームは「おしん」でした。

1）日本大使館が主催する日本語スピーチ大会＿＿＿＿優勝した。

2）今日は6時までに仕事＿＿＿＿終えて、食事に行こう。

3）実家＿＿＿＿離れて以来、両親とは一度も会っていない。

4）彼は授業の内容＿＿＿＿ノート＿＿＿＿まとめるのが上手だ。

2. 1）A：[例：f]、お時間をいただきありがとうございます。Aと申します。

ハンスさんのお話を青森県の広報誌に［①　　　　　］いただきたいと思います。

まず、［②　　　　］、なぜ青森の大学に来られたんですか。

B：柔道の先生が勧めてくださったんです。

A：［③　　　　］、柔道が強い大学はほかにもたくさんあると思うのですが。

B：実は青森スポーツ大学には尊敬する先生がいらして、いろいろと指導していただけ

るものですから。

A：そうですか。では、この広報誌を読んでくれるみなさんに［④　　　　］。

B：オリンピック選手に選ばれるように頑張るので、応援をよろしくお願いします。

A：今日はどうもありがとうございました。［⑤　　　　］ご活躍を期待しております。

a．それにしても	b．ますますの
c．伺いたいんですが	d．何か一言
e．紹介させて	f．お忙しいところ

2）（　　　　）の中に適当な言葉を入れましょう。

上の会話文ではAさんがBさんに（例：インタビュー）しています。

このインタビューは青森県の広報誌に紹介されます。Aさんは広報誌の編集者、Bさん
は県内に住んでいる（①　　　　　）です。ここではAさんがBさんに青森の大学を選
んだ（②　　　　）と（③　　　　）を聞いています。

きっかけ	インタビュー	理由	留学生

1．例：中学卒業後、相撲部屋に入門し、　　　　　　・新しい監督のもとで頑張っています。

　　　1）国際大会での優勝を目指して、　・　　　　　・その後は田舎の祖母のもとで育てられた。

　　　2）あの子は8歳で母親を亡くし、　・　　　　　・師匠のもとで一生懸命練習した。

2．そうが文中のどこを指すか、その部分に　　　　　を引きましょう。

　　例：この家がそうであったように、日本ではお正月は家族そろって祝うのが普通である。

　　　1）誰でもそうだが、親を亡くして初めて親のありがたみを知る。

　　　2）母がそうであったように、今でも家事に子どもの世話にと朝から晩まで働くお母さんを
　　　　　よく見かける。

3．例：男性教師が生徒たちに：「おーい、気をつけろ。この辺りは毒ヘビがいる（ね・ぞ）。」

　　　1）お父さんが子どもに：「おい、一人で持てるか？　重い（ぞ・ね）。」

　　　2）お母さんが子どもに：「手伝ってくれるの。うれしい（な・ぞ）。」

4．例：酒は薬になると同時に　　毒　　にもなる。

　　　1）彼は作家であると同時に　　　　　　　　でもある。

　　　2）ベルが鳴ると同時に　　　　　　　　は教室から飛び出して行った。

音楽家
毒
生徒
犬

5．例：薬で治らないなら、　　手術する　　しかない。

　　　1）レポートの締切りが明日なので、もう今日は　　　　　　　　しかない。

　　　2）日本語が全然できなかった私は、日本での就職を　　　　　　　　しかなかった。

　　　3）学校の規則を守らない学生は、　　　　　　　　しかない。

6．例1：5年間の受験勉強の末、国家試験に合格した。

　　例2：いろいろ悩んだ末、転職を決めた。

　　　1）　　　　　　　　末、やっとレポートを書き上げました。

　　　2）数週間の　　　　　　　　末、ようやく銀行と契約することができた。

　　　3）その歌手はのどの調子が悪く、医者と　　　　　　　　末、引退する決心をした。

7．例：スキーで　　骨折して　　以来、激しい運動は避けています。

　　　1）高校を　　　　　　　　以来、同じクラスで学んだ友達とは一度も会っていない。

　　　2）妹と食事をしたのは、彼女が　　　　　　　　以来だ。

　　　3）19歳で　　　　　　　　　　以来、ずっと　　　　　　　　　　　　　　　。

8．例：空港まで遠いので、朝6時前に家を出ても　　　　　　　　・読めるくらい簡単だ。

　　1）この英語の本は中学生でも　　　　　　　　　　　　・　　　・間に合わないくらいだ。

　　2）アメリカではラーメンが人気で、ガイドブックも　　　・　　　・温かいくらいだ。

　　3）北海道の家は寒さ対策がしてあるので、九州の家より・　　　・あるくらいだ。

9．

怒り　　愛　　心　　期待

　　例：コーチが＿＿期待＿＿をこめて、10番の背番号を決めてくれました。

　　1）彼は＿＿＿＿＿をこめて指輪をプレゼントしてくれた。

　　2）親切にしてもらったときには＿＿＿＿＿をこめて感謝の気持ちを伝えましょう。

　　3）事故後、被害者の家族は＿＿＿＿＿をこめて警察に原因を調査するよう求めた。

10．正しいものを選びましょう。

　　例：スポーツは練習すれば練習しただけ、いい結果がでる。

　　　　だから、（○）たくさん練習したほうがよい。（×）あまり練習しないほうがよい。

　　1）頭は使えば使っただけ柔らかくなる。

　　　　だから、（①　　　）使いたい時だけ使うとよい。（②　　　）使えば使うほどよい。

　　2）この運動は長く続ければ続けただけ効果がある。

　　　　だから、（①　　　）続けられなければやめたほうがよい。（②　　　）できるだけ続けたほうがよい。

11．例：電話で母の声を（聞く）＿聞いた＿とたん、＿涙が出てきた。＿

　　1）ドアを（閉める）＿＿＿＿＿＿とたんに、＿＿＿＿＿＿＿＿＿。

　　2）バスに（乗る）＿＿＿＿＿＿とたん、＿＿＿＿＿＿＿＿＿。

　　3）非常ベルが（鳴る）＿＿＿＿＿＿とたんに、＿＿＿＿＿＿＿＿＿。

12．例：外国人です → 外国人だからといって、わがままは言えません。

　　1）暑いです → ＿＿＿＿＿＿＿＿＿＿＿＿＿＿＿＿＿＿。

　　2）暇です → ＿＿＿＿＿＿＿＿＿＿＿＿＿＿＿＿＿＿。

　　3）いい大学を出ました → ＿＿＿＿＿＿＿＿＿＿＿＿＿＿＿＿。

読む・書く

1. 例：さすがに極上（ごくじょう）＿の＿肉は安い肉とは味＿が＿違う（ちが）。
   1）日本で有数（ゆうすう）＿＿＿＿＿観光地（かんこうち）と言えば、やはり京都（きょうと）でしょう。
   2）日本で生活（せいかつ）してみると、日本人の水＿＿＿＿＿＿＿＿＿＿こだわりを強く感（かん）じる。
   3）日本文化（ぶんか）と水＿＿＿＿＿＿＿＿＿＿関（かか）わりの深（ふか）さについて学んだ。
   4）最近（さいきん）＿＿＿＿＿若者（わかもの）＿＿＿＿＿共通（きょうつう）する特徴（とくちょう）ってどんな点（てん）だろうか。

2.
比較（ひかく）する　　汲（く）みにやる　　言（い）い訳（わけ）する　　請求（せいきゅう）する　　守（まも）る

   例：ある料理屋で、うまいお茶漬（ちゃづ）けを、と注文した江戸時代（えどじだい）の人は半日も待たされた上、とても高い代金を（　請求さ　）れたという。
   1）料理屋はおいしいお茶漬けを作るためにお茶を特別に選（えら）び、このお茶に合う水を多摩川（たまがわ）の上流（じょうりゅう）まで大急ぎで（　　　　　　）たので、このような代金になったと（　　　　　　）た。
   2）当時（とうじ）の多摩川上流は今とは（　　　　　　）ことができないほどの名水だった。

炊（た）く　　汚（よご）れ始（はじ）める　　沸（わ）かす　　密着（みっちゃく）する　　湧（わ）く　　落（お）とす

   3）名水が今の日本にまだあるのかな、と筆者（ひっしゃ）が疑（うたが）うほど、日本の水は質を（　　　　　　）てしまっている。
   4）水を（　　　　　　）もせずに、そのまま飲める国は世界でもそう多くはない。
   5）主食の米を（　　　　　　）にも水をたくさん使うし、日本人の食生活と水との関係（かんけい）は深（ふか）い。
   6）日本の地下水は林の下に広がる豊（ゆた）かな土地にしみ込（こ）んで、常時（じょうじ）安定（あんてい）して（　　　　　　）ている。
   7）リゾート開発（かいはつ）や山林の伐採（ばっさい）など、自然環境（しぜんかんきょう）の破壊（はかい）によって地下水はもちろん水道水まで（　　　　　　）ている。

3. 例：水を差（さ）す　・
   1）水を向（む）ける　・
   2）水かけ論（ろん）　・
   3）水入らず（みずい）　・
   4）誘い水（さそ みず）　・

   a. 相手（あいて）に関心（かんしん）を持たせるために何気（なにげ）なく誘（さそ）うこと
   b. お互（たが）いに自分の意見を譲（ゆず）らずに、主張（しゅちょう）し続（つづ）けること
   c. きっかけ
   d. 親（した）しい人だけで他（ほか）の人が交（ま）じっていないこと
   e. 物事がうまくいっているときに邪魔（じゃま）をすること

1．例：世界の多くの国＿で＿ 少子化 が 進んでいる。

　1）家庭における食事＿＿＿形態が大きく様変わりしていること＿＿＿気になります。

　2）このアンケート＿＿＿回答したら、抽選でプレゼントがもらえるらしいよ。

　3）家庭で素材＿＿＿調理する人＿＿＿減ってきている。

　4）調理済みの惣菜など＿＿＿、手軽＿＿＿食事を済ませる人＿＿＿増えている。

　5）家族そろって食卓＿＿＿囲み、食事＿＿＿とる機会が少なくなった。

2．次の文章の（　　　）に「内食」「中食」「外食」の中から適当なものを選んで書きましょう。

　　食事のとり方には「内食」「中食」「外食」があるという。

　　家で素材から準備し調理する手作りの食事を（例：内食）といい、反対にレストランなど
で食事することを（①　　　）といいます。そして、スーパーや肉屋さんなどでできあがっ
ている惣菜を買って来て、それを家で食べることを（②　　　）というのです。

　　（③　　　）と（④　　　）の両方を合わせて「外部化」と呼びます。最近では一人住ま
いや女性の就労の増加、働く時間帯の多様化などの理由で（⑤　　　）の占める割合が以前
と比べて低くなり、外部化の割合が高くなっています。

3．

外国人留学生数の推移

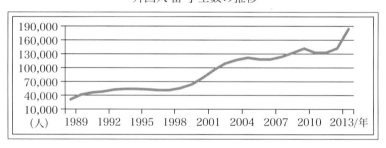

　　これは「外国人留学生数の推移」を（示す・見た）グラフです。

　　グラフに（おける・見られる）ように、外国人留学生の数は1989年頃より2000年にか
けては、ほぼ（平ら・横ばい）です。その後2000年代に入って、2010年までは（増加・
減少）し続けますが、2011年に減少に（移って・転じて）います。その後2014年には
2010年を上回る数の留学生が戻ってきています。

　　（以上から・以下のように）、外国人留学生数の増減は、さまざまな外的要因の影響も大き
いことが（お分かり・お認め）いただけると思います。今後も留学生を増やすためには、政
府が奨学金を出すなどの努力が必要だと（言えるのではない・言える）でしょうか。

文法・練習

1. 例：彼女は咳をしているのに、医者に（行く→行きもせず）仕事をしている。

   1）一度も（食べない→　　　　　　　）に、「嫌い」と決めつけるのはよくないよ。

   2）道で会っても（挨拶しない→　　　　　　　）に行くなんて、失礼な奴だ。

2.

| 途中であきらめる　　　—時には失敗する—　　　努力し続ける |
| 常に成功する　　漢字を忘れる　　日本語で話さない |

   例：名人といえども、　時には失敗する　ものだ。

   1）日本人といえども、＿＿＿＿＿＿＿＿＿＿＿ことはよくあることだ。

   2）どんなに状況が苦しいといえども、＿＿＿＿＿＿＿＿＿＿ことは許されない。

3. 例：よほどのんびりした人でも、　　　　・　　　・プロの味を出すのは難しいだろう。

   1）よほど料理が上手なお母さんでも、・　　　・これを訳すのは簡単ではないだろう。

   2）人口の少ない、よほど小さな町でも、・　　　・いらいらすることはあるでしょう。

   3）よほど中国語が堪能な人でも、　　・　　　・コンビニぐらいはあるでしょう。

4. 例：＿働くこと＿がいかに＿大変なことか、社会人になってよく分かった。

   1）病気になって初めて、＿＿＿＿＿がいかに＿＿＿＿＿かを実感した。

   2）父が亡くなって、父の＿＿＿＿＿がいかに＿＿＿＿＿かに気づいた。

5. 例：もうすぐ＿結婚される＿とか。おめでとうございます。

   1）昨日、テレビで見たんだけど、今度、人気歌手のリンリンが町に＿＿＿＿＿とか。
   すごい騒ぎになるでしょうね。

   2）お隣のご主人、しばらく見かけないと思ったら、＿＿＿＿＿とか。

6. 例：映画好きの彼に言わせれば、＿この映画は絶対に映画館で見たほうがいいそうだ。＿

   1）私に言わせれば、＿＿＿＿＿＿なんて、信じられないことだ。

   2）専門家に言わせると、日本の労働人口は今後＿＿＿＿＿らしい。

   3）＿＿＿に言わせたら、＿＿＿＿＿は信用してはいけないそうだ。

43

7. [事実 ・ 研究 ・ 経験 ・ データ]

　　例：予想ではなく［ 経験 ］に基づいて判断しました。

　　1）この小説は［　　　　　　　］に基づいて＿＿＿＿＿＿＿＿＿＿＿＿＿＿＿＿＿。

　　2）今日の講演会では先生の［　　　　　　　］に基づく＿＿＿＿＿＿＿＿＿＿＿＿＿＿＿＿＿＿。

　　3）私たちは常に正確な［　　　　　　　］に基づいた＿＿＿＿＿＿＿＿＿＿＿＿＿＿＿＿＿＿。

8. 例：日本の経済力を考えると、国際社会における日本の責任は<u>小さいものではない</u>と言える
　　だろう。

　　1）コミュニケーションの基本は何か。それは＿＿＿＿＿＿＿＿＿＿と言えるのではないでしょ
　　うか。

　　2）最近は、昔と比べて体の不自由な人やお年寄りのためのバリアフリーの社会が＿＿＿＿＿＿
　　＿＿＿＿＿＿と言えるのではないでしょうか。

　　3）美しい自然は＿＿＿＿＿＿＿＿＿＿と言えるでしょう。

9.

a．横から入ってくるマナーの悪い人もいる	b．~~人口が減って困っている地域もある~~
c．暑さで倒れないように注意することも必要だ	d．人間関係には不器用な面がある

　　例：人口が増えている地域がある一方で、（ b ）。

　　1）彼は責任をもって仕事をやってくれる一方、（　　　）。

　　2）夏は節電も大切だが、その一方で、（　　　）。

　　3）きちんと列に並ぶ人がいる一方、（　　　）。

10. 例：今度、このプロジェクトのメンバーでゴルフに行きませんか。

　　　…ええ。ゴルフに限らず、<u>まずみんなで、食事にでも行きましょう。</u>

　　1）このカードはここでしか使えないんですか。

　　　…いいえ、この店に限らず、＿＿＿＿＿＿＿＿＿＿＿＿＿＿＿＿＿＿。

　　2）山田さんって、テニスが上手なんですね。

　　　…ええ。彼はテニスに限らず、＿＿＿＿＿＿＿＿＿＿＿＿＿＿＿＿。

　　3）このアニメのキャラクターは子ども向けに作られたんですか。

　　　…いいえ、子どもに限らず、＿＿＿＿＿＿＿＿＿＿＿＿＿＿＿＿。

1.

| のもとで　　を通して　　を対象に　　～から～にかけて　　と同時に |

1）この商品はお年寄り＿＿＿＿＿＿＿開発された。

2）ロボットづくり＿＿＿＿＿＿＿、物と人間の関係を知る。

3）首＿＿＿＿＿＿＿肩＿＿＿＿＿＿＿、痛みを感じる。

4）彼女は祖父母＿＿＿＿＿＿＿育てられた。

5）ここは、彼の仕事場である＿＿＿＿＿＿＿、客間にもなっている。

| をこめて　　に基づいた　　～ば～だけ　　いかに～か　　もせずに　　といえども |

6）苦労は大きけれ＿＿＿＿＿＿＿大きい＿＿＿＿＿＿＿自分の財産になる。

7）先生の経験＿＿＿＿＿＿＿話で、教育が＿＿＿＿＿＿＿大切＿＿＿＿＿＿＿を知った。

8）彼女は平和への祈り＿＿＿＿＿＿＿歌った。

9）弟はよく考え＿＿＿＿＿＿＿ものを言うことが多い。

10）親子＿＿＿＿＿＿＿、許せないものは許せない。

2．○ですか、×ですか。

1）彼の成功は毎日の努力の結果にほかならない。

（　　）彼は成功したが、それは彼の努力だけではできなかったことだ。

2）野菜作りを通して、自然環境のことを考えさせられた。

（　　）自然環境のことを考えるために、野菜を作っている。

3）試合の結果はともかく、よく頑張ったと思う。

（　　）よく頑張ったが、試合には負けた。

4）ごみを減らすためには、みんなの意識を高めなければならない。

（　　）みんなの意識を高めたおかげで、ごみが減った。

5）多くの日本の男性がそうであるように、父も愛情表現が苦手だ。

（　　）日本の男性は愛情表現が苦手な人が多い。

6）これではもう修理もできない。捨てるしかない。

（　　）今後もこれを使おうとするなら、修理するしかない。

7）彼女の日本語は、日本人かと間違うくらい上手だ。

（　　）彼女の日本語は日本人のようだ。

8）人に親切にすればしただけ、自分にもかえってくる。

（　　）人に親切にしただけでは、自分にいいことはやってこない。

9）母はつらいことがあっても、涙を見せることはなかった。

（　　　）母はどんなにつらくても、泣いたことはない。

10）この映画は事実に基づいてつくられた。

（　　　）この映画の話は本当にあったことだ。

11）今度、カナダへいらっしゃるとか。お仕事なんですか。

（　　　）カナダへ行くと聞いたが、それは仕事で行くんですか。

3.

1）このラジオ番組はおもに（主婦　放送）を対象にしている。

2）今度の失敗に限らず、私は何をやっても（うまくいく　だめだ）。

3）あの学生、成績はともかく、行動（に問題がある　は認める）。

4）彼女が話したことは決して（嘘だ　嘘ではない）。

5）新車をぶつけてしまった時は（泣く　泣かない）しかなかった。

6）（少しだけ　いろいろ）話し合った末に、その計画は中止になった。

7）弟は私を見たとたん、（逃げ出した　お帰りと言った）。

8）試合の相手が弱そうだからといって、（安心した　安心するな）。

9）大金持ちといえども、病気（には勝てない　にはならない）。

4.

| ささやか [な]　華やか [な]　甘い　わがまま [な]　著しい |

1）妹は（　　　　　　　　　）で欲しいおもちゃを買ってもらえないと、すぐ泣く。

2）「女優」というと、みんな（　　　　　　　）世界を想像するだろう。

3）この地域は海から遠く離れているので、昼と夜の温度差が（　　　　　　　）。

4）これは今までお世話になった先生への、（　　　　　　　）贈り物です。

5）社員以外の人にデータを見られてしまうなんて、管理が（　　　　　　　）。

| 不器用 [な]　心強い　柔らかい　精神的 [な]　無用 [な]　古臭い　斬新 [な] |

6）祖父はよく昔の習慣など、若者がついていけない（　　　　　　　）ことを言う。

7）社長は入社式のスピーチで「若くて頭の（　　　　　　　）君たちが（　　　　　　　）考えを
どんどん出してくれることを期待する。」と述べた。

8）「失礼ながら私はこの道40年のプロです。できるだろうかなどという（　　　　　　　）心
配はしないでください。」

「そう言ってくださると、まことに（　　　　　　　）限りです。」

9）研究の失敗は彼に相当（　　　　　　　）ダメージを与えたようだ。

10）私は（　　　　　　　）で、ナイフで鉛筆を削るのも苦手だった。

5.
1) 莫大な（財産　建物　試合）
2) 単純な（ファッション　ミス　ダメージ）
3) 貴重な（病気　両親　意見）
4) 特殊な（無視　景色　能力）
5) ユニークな（気候　事故　デザイン）
6) 厄介な（問題　夢中　生年月日）
7) ありきたりの（要素　やり方　我慢）
8) 手軽な（かさ　料理　考え）
9) 経済的な（理由　結果　原因）
10) 的確な（時刻　アドバイス　感想）

6.
1) 彼は不景気で会社を辞めた。（いわゆる　さらなる）リストラだ。
2) その子は難しい問題を（たんに　あっさり）解いたので、大人たちは驚いた。
3) 母は合格祝いに（さぞ　とびきり）おいしいものを作ってくれた。
4) キム選手の（再び　さらなる）ご活躍を祈っています。
5) 残り時間は（わずか　たんに）5分、残念だが、この試合は負けだ。
6) 成功しようと思ったら、（そのものの　それなりの）努力が必要だ。
7) 料理といっても（わずか　たんに）煮たり焼いたりというだけではなく、（常に　たっぷり）食べる人のことを考えることが大切だ。

7.
1) 彼は私の依頼をすんなり（受け入れてくれた　断った）。
2) ここには食料と水がたっぷり（なくなった　ある）。
3) その事件の犯人は依然（わかった　わかっていない）。
4) テレビの調子がずっと悪かったが、とうとう（だめになった　直った）。

8.

| 入れる | つけない | 囲む | 離れる | 生かす |
| 切る | 差された | つけない | くむ |

1) 珍しいものを手に（　　　　　　）

2) 高校を出て、ふるさとを（　　　　　　）

3) 彼とは縁を（　　　　　　）

4) 川でバケツに水を（　　　　　　）

5) 家族で食卓を（　　　　　　）

6) 外国での経験を（　　　　　　）

7) 金に糸目を（　　　　　　）

8) わがままな言い方に二の句が（　　　　　　）

9) 意見がまとまりそうな時に、彼の唐突な質問に水を（　　　　　　）

読む・書く

1. 例：時下ますますご健勝＿の＿ことと存じます。

　　1）有名な尺八奏者が演奏する曲についての解説＿＿＿＿執筆してもらう。

　　2）そのようなことをしたら不謹慎だとお叱り＿＿＿＿受けるかもしれません。

　　3）一度有名になると、何をしても常にまわりからの評価＿＿＿＿さらされてしまいます。

　　4）人々は新聞発表を信じ、あまり疑問＿＿＿＿抱かず受け入れてしまう傾向が強い。

　　5）まだ若いと思っていたあの人が今年還暦＿＿＿＿迎えるそうだ。

2.
に応じて　　として　　という　　について　　として

　　例：この読み物は原稿の執筆を依頼する手紙と、それ＿に応じて＿書かれた原稿からなっている。

　　1）この依頼状を書いている人は『私の死亡記事』＿＿＿＿＿＿ネクロロジー集（死亡記事）を作ろうとしている。

　　2）本人が、自身を物故者＿＿＿＿＿＿解説を書いているところが普通の死亡記事とは違っている。

　　3）本人にその作品や人生＿＿＿＿＿＿書いてもらえば、時代を隔てても価値をもつ貴重な資料になりうるのではないか。

　　4）自分の作品や人生について、死亡記事＿＿＿＿＿＿執筆してほしいと手紙で依頼した。

3. 例：1年前にすでに死亡していたことが（ d ）。

a. 守った　　b. 唱えていた　　c. 覆い隠された　　d. 判明した　　e. 公言していた

　　1）氏は生前、三無主義を（　　）。

　　2）氏は遺書に記していることを（　　）。

　　3）遺族もこれを忠実に（　　）。

　　4）その結果、氏の死の事実が（　　）。

f. 通した　　g. 提唱していた　　h. 迎えたい　　i. 夢想していた

　　5）氏は生涯、宗教学者として（　　）。

　　6）筆者は春、桜の頃、満月を仰いで死にたいと（　　）。

　　7）死期を悟ったら断食をしてその時を（　　）。

　　8）氏は以前から「一握りの散骨」を（　　）。

49

1．例：今から何をなさいますか。＝何を ［ (する)・食べる・見る ］
1）彼は返事をためらった。＝返事を ［ した・受け取った・するか迷った ］
2）料理の味にはこだわらない。＝味は ［ 気にしない・好きじゃない・分からない ］
3）私は彼に運転を任せた。＝ ［ 彼が運転した・私が運転した・誰も運転しなかった ］
4）彼は留学に積極的だ。＝留学 ［ したくない・したい・すべきだ ］
5）仕事を安易に引き受けた。＝ ［ 深く考えず・喜んで・仕方なく ］ 引き受けた
6）率直に言わせてもらおう。＝ ［ 本当のことを・簡単に・詳しく ］ 言おう

2．司会者を含む4人で「小学生とスマホ」というテーマでディスカッションをしています。

> 司会：では、今日のテーマ、小学生にスマホを持たせてもよいかどうかについて話し合いた
> いと思います。
> A　：はい。私は小学生にスマホを持たせることには反対です。それよりも子どもは友達と
> 遊んだり、本を読んだりすることを大切にしたほうがいいa．と思うのですが。
> B　：b．その通りだと思います。安易に親の都合でスマホを子どもに持たせるのではなく、
> まず、インターネットの怖さなどをきちんと教えるc．べきだと思います。
> C　：d．ですが、Bさん。親の働く環境も大きく変わり、母親の多くは働いている時代です。
> 核家族がほとんどなのですから、いくら理想を言っても必要なものは必要なのだと思
> いますよ。
> B　：e．それもそうですね。家族で話し合った上で持たせるという選択も仕方のないこと
> かもしれません。しかし、子どもの生活時間がみだれていないか、親との約束を守っ
> て使っているか、見直すことも必要f．なんじゃないでしょうか。
> 司会：g．では、そろそろ意見をまとめたいと思います。

上のディスカッション中の下線a．〜g．について答えましょう。
1）前の人の意見に賛成するときの表現：(例：b) (　　　　)
2）前の人の意見に反対するときの表現：(　　　　)
3）意見を遠慮がちに言うときの表現：(　　　　)
4）自分の考えを主張するときの表現：(　　　　) (　　　　)
5）司会者が参加者の意見をまとめて言うとき：(　　　　)

文法・練習

1．例：ぜひこの絵をご覧いただきたいと思い、（ b ）

1）この計画にぜひご協力をいただけないかと、（　　　）

2）どなたか適当な方がいらっしゃらないか、（　　　）

> a．お願いしている次第です。
> b．~~お持ちした次第です。~~
> c．お伺いしている次第です。

2．例：午後4時をもって、　　　　　・　　　・先生をお迎えしましょう。

1）半数以上の賛成をもって、・　　　　　・決めることになります。

2）拍手をもって、　　　　　　・　　　　　・本日の入場は終了いたします。

3．

当レストラン　　皆様　　~~小社~~　　日本語の学習

例：［　小社　］におきましては、目下猫の写真集を制作中です。

1）［　　　　　］においては、＿＿＿＿＿＿＿ことが重要だ。

2）［　　　　　］におかれましては、＿＿＿＿＿＿＿のことと存じます。

3）［　　　　　］におきましては、お客様に＿＿＿＿＿＿＿をお願いしております。

4．例1：どんなに優しい先生でも、怒ることは　ありうる　。［ある］

例2：あんなに優しい先生が怒るなんてことは、　ありえない　。［ある］

1）事故というのはいつでも＿＿＿＿＿＿＿ものだ。［起こる］

2）なぜ彼は普通では＿＿＿＿＿＿＿情報を知っているのだろう。［知る］

3）医者は＿＿＿＿＿＿＿治療のすべてをやってみましょうと言った。［考える］

5．例：リンさんは今日も休んでいる。　風邪がまだ治っていない　のだろう。

1）あの学生、また先生に叱られている。＿＿＿＿＿＿＿のだろう。

2）彼は死んだように眠っている。＿＿＿＿＿＿＿のだろう。

6．例：事故の原因は　　　　　・　　・不安定なものになると思われます。

1）明日の天気は　　　　　　・　　・資金不足によるものと思われる。

2）日本の高齢化は　　　　　・　　・ますます進むものと思われる。

3）注目された研究が失敗したのは・　　・運転手の不注意によるものと思われます。

7．例：研究に失敗した。（成功する　→　成功したとしても）それほど注目されなかっただろう。

　　1）10万円でカメラを買いました。前からずっと欲しいと思っていたので、たとえ（15万

　　　　円→　　　　　　　　　　）、＿＿＿＿＿＿＿＿＿＿だろう。

　　2）試合に負けた。（勝つ　→　　　　　　　　　　　　）、＿＿＿＿＿＿＿＿＿＿だろう。

8．例：まだ帰らないんですか。…ええ、（　ひどい雨で　）、帰ろうにも帰れないんです。

　　1）彼は働いていないんですか。…ええ、（　　　　　　）、＿＿＿＿＿＿＿＿＿。

　　2）休みを取らないんですか。…ええ、（　　　　　　）、＿＿＿＿＿＿＿＿＿。

9．例：このケーキ、値段のわりにおいしくない。

　　1）彼は＿＿＿＿＿＿＿＿わりには走るのが速い。

　　2）この映画の主人公は家族から＿＿＿＿＿＿＿ていたわりにはしっかりしている。

10．例1：自分の意見をはっきり言わない人がいる。→　意見をはっきり言うべきだ。

　　例2：人の悪口ばかり言う人がいる。→　人の悪口を言うべきではない。

　　1）人にいろいろ言うだけで、自分から何もやらない人がいる。

　　　　→　人にいろいろ言う前に、＿＿＿＿＿＿＿＿＿＿＿＿＿＿＿。

　　2）人の失敗を見て、笑う人がいる。

　　　　→　人の失敗を＿＿＿＿＿＿＿＿＿＿＿＿＿＿＿＿＿＿＿＿。

　　3）年を取ると、いろいろ挑戦したくても、できなくなる。

　　　　→　若いうちは、いろいろ＿＿＿＿＿＿＿＿＿＿＿＿＿＿＿。

　　4）人に何か注意されると、すぐに腹を立てる人がいる。

　　　　→　人に注意されても、＿＿＿＿＿＿＿＿＿＿＿＿＿＿＿＿。

11．例：ハイキングはどうでしたか。［　山登り　］

　　　　…あれはもう、　ハイキングというより、山登りでしたよ。

　　1）彼女はいろいろと節約しているんですね。［　けち　］

　　　　…いいえ、＿＿＿＿＿＿＿＿＿＿＿＿＿＿＿＿だけですよ。

　　2）あなたが「やる」と言ったんですか。［　言わされた　］

　　　　…いや、＿＿＿＿＿＿＿＿＿＿＿＿＿＿＿＿んですよ。

　　3）昨日の地震のとき、落ち着いていましたね。［　何もできなかった　］

　　　　…とんでもない。＿＿＿＿＿＿＿＿＿＿＿＿＿＿＿＿＿んです。

読む・書く

1．例：空に無数　の　星が光っていた。

　　1）台風の被害は町全体＿＿＿＿及んだ。

　　2）問題点を数えあげたら、きり＿＿＿＿ない。

　　3）会社の利益＿＿＿＿上げるために、これまでの古い考えは捨てなければならない。

　　4）公園を散歩していると、突然目の前＿＿＿＿大きなサル＿＿＿＿現れた。

2．（　　　　）の中に適当な言葉を選び、文章を完成させましょう。

　　　人間が生活に便利さを追い求めてきたことによって、地球の環
境は大きく変化した。

　　　工業化が進むにつれ、（例：e　）や（①　　　　　）を引き起こした。
その結果、（②　　　　）が降ることになった。そしてそれが（③
　　　）を招き、そこに棲む生物の（④　　　　）にまで及んだ。

　　　また、人工のガスなどにより（⑤　　　　）が生じ、人間の健康に
害を与えるさまざまな影響が出始めている。

　　　以上のことから、（⑥　　　　）の原因は一つの要因によるものでは
なく、複合的な要因が影響し合って起こることが分かる。

> a．酸性雨
> b．絶滅の危機
> c．熱帯雨林の減少
> d．大気汚染
> e．~~水の汚染~~
> f．環境破壊
> g．オゾン層の破壊

3．

> 「コモンズの悲劇」という言葉は（例：⦅地球環境と人間活動⦆・地球環境と植物の生育）を考
> える上で重要な意味を持っている。［　A　］言葉は人が（①自分のためだけに利益を得よ
> うとすれば・皆で利益を分け合えば）、地球も環境も滅びていくことを示している。
> 　人間はこれまで（②自分たちに都合のよいように・地球の将来を考えて）水資源や山林、
> 大気や海洋などを利用して生活してきた。［　B　］、（③制御された開発・行き過ぎた開発）
> が行われ、環境を破壊した例は世界各地にたくさんある。一度破壊された環境は数百年とい
> う長い時間をかけても、元の姿に戻ることは難しいので、（④失敗から教訓を学ぶやり方
> では地球を守れない・失敗から学んで対策をたてることで地球を守っていくことはできる）。
> 　［　C　］が「コモンズの悲劇」の最も大事な（⑤問題・教訓）である。環境を守るため
> には結果を予測し、（⑥失敗しそうなことは行わない・起こり得る事象を把握し、その確率
> を明らかにしておく）ことが不可欠である。

　　1）文中の（　　　　）の中の正しい方を選びましょう。

　　2）［A～C］に次の適当な語を選びましょう。

　　　　［あの・そのため・それでは・この・これこそ・こちらこそ］

　　　　A（　　　　　）　B（　　　　　）　C（　　　　　）

1. 例：皆様のご協力　で　今日のこの日　を　迎えることができました。

　　1) お土産にもらった不思議な道具の使い道＿＿＿＿悩んでいる。

　　2) 彼は日本経済の将来＿＿＿＿危ぐしている。

　　3) 多くの問題を解決するためには、国＿＿＿＿超えて人々が理解する必要がある。

　　4) 日本でもクマゲラやコウノトリなどは絶滅危ぐ種＿＿＿＿指定されている。

2. 環境問題についてのスピーチをすることになりました。

　　1) どのようにスピーチをするか、流れにしたがって順番に並べましょう。

　　　　① (a) →② (　　) →③ (　　) →④ (　　) →⑤ (　　) →⑥ (f)

> a．テーマへの導入
> b．テーマが抱える問題点について話す
> c．結論を話す
> d．身近な自分の問題に引き寄せて話す
> e．テーマを選んだ理由、きっかけを話す
> f．スピーチを終える挨拶

　　2) 次の話は上のa.〜f.のどの部分ですか。(　　) に記号を書きましょう。

　　　　例：ご清聴ありがとうございました。(f)

　　　① 最近、私はテレビ番組で、クジラの棲む海にビニールの袋やプラスチックのごみが
　　　　たくさん浮いている映像を見ました。クジラがえさと間違えて食べてしまい、それが
　　　　死につながるというのです。とても残念に思いました。(　　)

　　　② さて、熱帯雨林に棲む鳥たちはどうしているでしょうか。悲しいことに、森でも開
　　　　発が進み、鳥たちも棲むところが年々狭くなり、えさも少なくなって、生息が難しい
　　　　状況です。(　　)

　　　③ 皆さん、こんにちは。ハナと申します。今日は環境問題について私が考えているこ
　　　　とをお話ししたいと思います。(　　)

　　　④ 私たちの周りでは川が汚染され、海も汚染されています。私たち人間が捨てる大量
　　　　のごみが川や海に流れ込み、そこに棲む生物の命を奪っているといえます。(　　)

　　　⑤ 私たちは今、海、森、そこに棲む生物の絶滅の危機など多くの環境問題を抱えてい
　　　　ます。それらを解決するために、世界の人々が国を超えて協力し合うことが必要なの
　　　　だと思います。(　　)

1.

被害 影響 支配 討論

[約120年間 ・ 飛行機 ・ 3時間 ・ すべての地域]

例：今回の台風によるりんごの＿＿被害＿＿は東北地方の［すべての地域］に及んだという。

1）参加者全員で行われた＿＿＿＿＿は［　　　　　　　　］に及び、非常に実りあるものとなった。

2）先日の雪の＿＿＿＿＿は新幹線にとどまらず［　　　　　　　　］にまで及んだ。

3）白川郷での内ヶ嶋一族の＿＿＿＿＿は［　　　　　　　　］に及び、1585年に大地震が起こるまで続いた。

2．例：梅雨の時期だから、来週の試合は　　・　　・変更になる可能性がある。

1）到着時間によって、スケジュールが　・　　・予約しないと入れない可能性がある。

2）この薬は眠くなる可能性があるので、　・　　・運転する人は注意してください。

3）あの店はいつも行列ができるので、　・　　・中止になる可能性がある。

3．（　　　　）の中に適当な言葉を入れ、文を完成させましょう。

例：「黒田先生が結婚するそうだ」。この（　うわさ　）はすぐに学校中に広まった。

1）「君は口がかたいね」。この（　　　　　　）の意味が最初全く分からなかった。「秘密を簡単に他人に話さない」という意味だそうだ。

2）「日本で大地震が起きて、大きな被害が出た」。この（　　　　　　）を知った世界中の人々からお見舞いの品やお金が送られてきた。

3）「来月をもって閉店いたします」。この（　　　　　　）を見たとき、いつもお客さんがよく入っている店なので、大変驚きました。

4．例1：結婚相手　選ぶ

→　あなたは結婚相手を選ぶ上で、どのような点を重視しますか。

例2：　相手　知った

→　交渉するには相手を知った上で、進めることが大切です。

1）仕事　探す

→　＿＿＿＿＿＿＿＿＿＿上で、＿＿＿＿＿＿＿＿＿＿＿＿。

2）内容　しっかり　確認した

→　＿＿＿＿＿＿＿＿＿＿上で、＿＿＿＿＿＿＿＿＿＿＿＿。

5. 例：中国語が上達するにつれて、中国での生活が楽しくなってきた。

    1）時間が経つにつれて、傷の痛みが＿＿＿＿＿＿＿＿＿＿＿＿＿＿＿。

    2）子どもの成長につれて、家が狭く＿＿＿＿＿＿＿＿＿＿＿＿＿＿＿。

    3）調査が進むにつれて、事実関係が＿＿＿＿＿＿＿＿＿＿＿＿＿＿＿。

6. ［残念・うれしい・幸運・おもしろい］

    例：この間のゼミでは、［うれしい］ことに、

    （ c ）

    1）久しぶりのクラス会は、［　　　］ことに、

    （　　）

    2）試験の結果はどうでしたか。

    …［　　　］ことに、（　　）

             a．あまり参加者が集まらなかった。

             b．良い成績で合格することができました。

             c．私の意見に全員が賛成してくれました。

             d．なんとか合格しました。

7.

| 倒産 | 火災 | 倒れる | 流行する |

    例1：古いストーブは＿＿＿火災の＿＿＿恐れがあるので、すべて捨ててください。

    例2：この冬はインフルエンザが＿流行する＿恐れがあるので、注意してください。

    1）父の会社はこの3か月、赤字が続いている。このままでは＿＿＿＿＿＿恐れがある。

    2）今のままでは地震で＿＿＿＿＿＿恐れのある建物がまだ残っている。

8. 例：食べ過ぎや運動不足が体に良くないことは言うまでもない。

    1）熱もないし、ちょっと喉が痛いだけです。病院に＿＿＿＿＿＿までもありません。

    2）もう少しで終わるから、一人で大丈夫。＿＿＿＿＿＿＿＿＿＿までもないよ。

9. 例：尊敬する先生の言葉がきっかけで、私は物理の道に進むことを決意した。

    1）彼女は＿＿＿＿＿＿＿＿＿＿をきっかけに、髪を切った。

    2）二人は＿＿＿＿＿＿＿＿＿＿がきっかけで、親友になった。

    3）私は＿＿＿＿＿＿＿＿＿＿がきっかけで、フランス語の勉強を始めた。

10. 例：りんごをはじめ、いちご、みかんなど、日本にはおいしい果物が多い。

    1）日本には＿＿＿＿＿＿＿＿＿＿＿＿＿など、独特の楽器がある。

    2）＿＿＿＿＿＿＿＿＿＿＿＿＿など、古い街並みを残す都市に行ってみたい。

    3）＿＿＿＿＿＿＿＿＿＿＿＿＿など、世界にはさまざまな飲み物がたくさんある。

読む・書く

1. 例：彼_{かれ}が出した提案_{ていあん}は型_{かた}＿＿に＿＿はまらない斬新_{ざんしん}なものだった。

1）音楽をきいて、寂_{さび}しい気持ち＿＿＿＿まぎらわした。

2）世界＿＿＿＿滅_{ほろ}びることをテーマにした映画はたくさんある。

3）明日、就職試験_{しゅうしょくしけん}＿＿＿＿面接_{めんせつ}＿＿＿＿受_うけに行きます。

2.

> 　能_{のう}をはじめ、日本の美_びについて多くの著書_{ちょしょ}を残_{のこ}した白洲正子_{しらすまさこ}のこの（例：小説・随筆_{ずいひつ}）は、型にはまることと（①自由_{じゆう}・不自由）であること、天才_{てんさい}とそうでない人たちに関_{かん}して書いたものである。
>
> 　まず、世の中に、「型にはまる」ということほど理想的_{りそうてき}なことは（②ある・ない）と述_のべ、さらに何_{なん}でも型にはめさえすれば、間違_{まちが}いは（③おこり得_うる・おこり得_えない）としている。「型を破_{やぶ}る」ということも、まずは型にはまらなければできないという。
>
> 　山奥_{やまおく}にたった一人で住まない限_{かぎ}り、世の中では、すべてのものの型が（④決_きまって・壊_{こわ}されて）いて、それを無視_{むし}して生きていくことは難_{むずか}しい。それは世の中には宗教_{しゅうきょう}・芸術_{げいじゅつ}から（⑤自然_{しぜん}・生活）に至_{いた}るまで、型にはまっていないものは一つとしてないという理由_{りゆう}からである。社会人であったら型にはまらないで暮らす（⑥わけにはいかない・べきである）。つまり、自由ということは、人と関係_{かんけい}を持たず、世の中の約束_{やくそく}や規則_{きそく}にしばられずに生きることであり、実_{じつ}に（⑦快適_{かいてき}な・寂しい）ことなのだという。
>
> 　その上で、利休_{りきゅう}と世阿弥_{ぜあみ}という二人の（⑧天才・凡人_{ぼんじん}）を例に、お茶や能をつくったという点_{てん}においては幸福_{こうふく}であったが、一方、（⑨人間として・天才として）は話し相手_{あいて}もなく、芸術がなかったら生きていくことができなかった人達_{ひとたち}であったと述べている。
>
> 　そして、最後_{さいご}に次_{つぎ}のように述べている。「利休が自分の死とともに、茶器_{ちゃき}も茶道_{ちゃどう}も一緒_{いっしょ}に滅びると（⑩信_{しん}じていた・思ってもいない）にもかかわらず、後_{のち}に続_{つづ}く人々は唯一_{ゆいいつ}利休に近_{ちか}づく道として茶道の型をつくった。型を破る、ということは利休以上の天才でなければ出来ないのである。」

1）上_{うえ}の文章_{ぶんしょう}中の（　　）の正しい方_{ほう}を選_{えら}びましょう。

2）筆者_{ひっしゃ}の考えと同じ意見は下のa．b．のどちらですか。（　　　　）

　a．型通_{かたどお}りの行動は個性_{こせい}がみられず、個性を生かしてもっと自由に生きるべきだ。

　b．社会の枠組_{わくぐ}みの中で生きるには社会の約束事_{やくそくごと}を守_{まも}っていかなければならない。

1. 例：将来、国際関係の仕事＿＿に＿＿就きたいと思っている。

   1）以前は、日本語力が十分ではなくて、授業＿＿＿＿＿ついていくのが大変だった。
   2）映画の主人公の生き方＿＿＿＿感銘＿＿受けた。
   3）習ったことを実際の生活＿＿＿＿応用してみましょう。
   4）就職試験では、自分の意志＿＿＿＿強く示したほうがいいですよ。

2. 面接試験で次のようなとき、どのように答えますか。

   プロフィール

   | 受験者：陳さん(中国) |
   | 大学4年生 |
   | 専門：日本語 |
   | 京都在住 |
   | 趣味：美術鑑賞 |

   募集内容

   | おひさま旅行社 |
   | 場所：東京都中央区銀座 |
   | 給与：短大／専門学校卒(16万5千円) |
   | 　　　大学卒（20万5千円） |
   | 職種：ツアーガイド |

   例：お名前をどうぞ。（ b ）
   1）どのような理由で当社への就職を希望されましたか。（　　）
   2）弊社の旅行プランを利用する側としてどのように感じていますか。（　　）
   3）日本に留学しようと思ったきっかけは何ですか。（　　）
   4）大学ではどのようなことを学びましたか。（　　）
   5）会社では必ずしも希望する職種に就けるわけではありませんよ。（　　）

   a．大学では日本語を専攻し、特に敬語と日本社会の関係について学びました。

   b．初めまして、陳と申します。中国、上海からまいりました。

   c．ただ見物をしたりするだけではなく、生け花が体験できるなど、中国人の好みをよく研
   究しておられると思います。

   d．日本の社会と文化を紹介したテレビ番組を見て、日本をもっと知りたいと思いました。

   e．確かに入社してすぐに希望の職種に就けるとは考えておりません。
   　与えられた仕事で経験を積み、中国からの旅行者をガイドするだけでなく、中国で日本
   人観光客をお世話できればと思います。

   f．御社は中国人観光客を多数受け入れておられ、そのツアー内容も充実したプランであっ
   たことに感銘を受け、ぜひ御社で働きたいと思いました。

58

文法・練習

1.

あらざる	及ばざる	知られざる

例：世の中には型に＿＿あらざる＿＿ものはない。
　1）世界にはまだまだ＿＿＿＿＿＿宝物が海に沈んでいるという。
　2）「過ぎたるは＿＿＿＿＿＿がごとし」という言葉は、やり過ぎることはやらないのと同じくらいよくないという意味である。

2. 例：この物語は子どもからお年寄りに至るまで、　・　　　・どこにでもある。
　1）この店は魚、野菜から調味料に至るまで、　・　　　・広く親しまれている。
　2）カラオケ店は都会から地方都市に至るまで、　・　　　・すべて揃っている。

3.

安心する	信じる	食べる	困る

例：バスの中で泣き続ける赤ちゃんに、お母さんは＿＿困りきった＿＿顔をしていた。
　1）社長は彼を＿＿＿＿＿＿いたので、会社のすべてを任せていた。
　2）子どもが＿＿＿＿＿＿顔ですやすやと眠っている。
　3）たくさんあるりんごをジュースやケーキにして、新鮮なうちに＿＿＿＿＿＿。

4. 例：この花瓶は（ a ）には作りたくても作れない作品だ。

a. 天才ならぬ我々
b. 夢ならぬ現実
c. 神ならぬ私

　1）今回の大地震のことは（　　）には、予想もできなかった。
　2）私たちは（　　）に立ち向かわなければならない。

5. 例1：この薬を（飲む→飲み）さえすれば、＿＿すぐよくなります。＿＿
　例2：うちの子はゲームを（する→し）てさえいれば、機嫌がいいんです。
　1）このテニスコートは（登録する→　　　　）さえすれば、＿＿＿＿＿＿。
　2）今度のテストは教科書を（読む→　　　　）でさえおけば、＿＿＿＿＿＿。
　3）留学先は（日本だ→　　　　）ありさえすれば、＿＿＿＿＿＿。
　4）住むところは通勤に（便利だ→　　　　）ありさえすれば、＿＿＿＿＿＿。

6. 例：似ている顔の人はいるが、同じ顔の人は（　一人　）としていない。
　1）父が作ったこの茶碗は世界中探しても（　　）として＿＿＿＿＿＿。
　2）離れて暮らす家族のことを思い出さない日は（　　）として＿＿＿＿＿＿。
　3）あなたのような人に貸すお金なんか（　　）として＿＿＿＿＿＿。

7．例：一度引き受けました。
　　　　→　この仕事は引き受けた以上、一生懸命やるつもりです。
　　1）レストランの料理に高い代金を払います。
　　　　→　　　　　　　　　　　　　　　　　　　　　　　　　　　　　　。
　　2）両親が賛成してくれません。
　　　　→　　　　　　　　　　　　　　　　　　　　　　　　　　　　　　。
　　3）歴史ある演劇部に入部しました。
　　　　→　　　　　　　　　　　　　　　　　　　　　　　　　　　　　　。

8．例：漢字はどうすれば早く覚えられますか。
　　　　…　よほど努力しない　かぎり、早く覚えられませんよ。
　　1）先生、病気はすぐ治りますか。
　　　　…そうですね。　　　　　　　　　　　　かぎり、病気は治りませんよ。
　　2）この動物は人をかむんですか。
　　　　…いいえ、　　　　　　　　　　　かぎり、絶対にかみません。
　　3）工場の中を見学させていただけますか。
　　　　…すみません。　　　　　　　　　　　かぎり、見学はできないんです。

9．例：今日は暑かったですね。ビールでもいかがですか。
　　　　…残念ですが今日は車で来たので、　飲むわけにはいかないんです。
　　1）熱があるのに会社へ行くんですか。
　　　　…ええ、今日は重要な会議があるので、　　　　　　　　　　　　　。
　　2）また今日も遅刻してしまって、すみません。
　　　　…困りますね、今週だけで2回目ですよ。こう重なると　　　　　　　　　　。
　　3）この古い雑誌、邪魔ね。捨てちゃおうか？
　　　　…でも、お兄さんが大事にしているものだから、　　　　　　　　　　　　。

10．例1：入学試験の前の日は、（　緊張する　）あまり、眠れなかった。
　　例2：彼は（　驚き　）のあまり、そこから動けなくなってしまった。
　　1）会議に資料を間に合わせようと（　　　　　　）あまり、ミスをすることが多い。
　　2）彼は（　　　　　　）のあまり、落ち着いて物事を考えることができなかった。
　　3）（　　　　　　）のあまり、外国にいる娘に毎日電話をかけてしまう。

60

1.

1）拍手（を・に）もって、ご了承いただいたもの（を・と）します。

2）試合で負ける（を・に）しても、ベストはつくしたい。

3）50年（と・に）も及ぶ争いが、この出来事（を・の）きっかけに解決した。

4）設備が古くなる（に・と）つれて、故障しやすくなる恐れ（が・に）ある。

5）病気にでもなれば、神なら（ず・ぬ）私など、働こう（とは・にも）働けないのだ。

6）遠く離れた家族のことを一日（に・と）して忘れたことはない。

7）健康に暮らすこと（さえ・すら）できれば、何（か・の）不満もない。

8）そんなこと、あなたに話すわけ（には・では）いかない。

9）この研修を受ける上（に・で）注意すべきことは、あらためて言う（だけ・まで）もないが、遊びではないということだ。

2.

1）彼女はなぜ知り得ない情報を（知らなかった　知っていた）のか。

2）彼がうそを言ったとしても、私は彼を（信じられない　信じたい）。

3）詐欺で大金を奪われて、泣こうにも（泣けない　泣きたい）。

4）彼女のピアノ、自慢するわりには、（いまひとつだ　なかなかうまい）。

5）それは部長の意見というより、（連絡　命令）だった。

6）その場に来るべきではない男が現れたのだから、（喜んだ　驚いた）。

7）それについては（分かっている　分からない）んだから、聞くまでもない。

8）せっけんは使い切ったから、（少し残っている　もう残っていない）。

9）彼のその話を理解できる人は一人として（いた　いなかった）。

10）目的を言わない以上、お金を（貸す　貸さない）わけにはいかない。

3. ○ですか、× ですか。

1）娘のことを心配するあまりに、つい電話をしては、うるさがられる。

（　　）うるさがられても電話をするのは、娘が心配だからだ。

2）彼女がうそをつくなど、あり得ない。

（　　）彼女は絶対うそをつかない。

3）父親は娘に、留学は認めるにしても、条件があると言った。

（　　）父親は娘の留学を認めるつもりではいる。

4）あんなぜいたくな生活、悔しいけど、しようにもできない。

（　　）あんなにぜいたくな生活はしようとも思わない。

5）私のおじは年齢のわりには年寄りっぽく見えるんです。

（　　）おじは年寄りというほどの年齢ではない。

6）私たちが泊まったのは、ホテルというより、まるでお城のようだった。

（　　）私たちが泊まったところは、実はホテルではなかった。

7）やけどをする恐れがありますから、決して触らないでください。

（　　）やけどをするかもしれないから、触ってはいけない。

8）新品を買うまでもないよ。修理できないというわけじゃないんだから。

（　　）修理できるのだから、新しく買わなくてもいい。

9）その事故がきっかけとなって、食品の安全が見直されるようになった。

（　　）事故がなければ、食品の安全について見直されなかったかもしれない。

10）ここで経験することは一つとして無駄なものはない。

（　　）どんな経験にも意味がある。

11）先輩に酒を勧められたのだから、断るわけにはいかなかった。

（　　）先輩が酒を勧めてくれたので、喜んで受けた。

4.

きり　当　つけ　すべ　カギ

1）電話も何もなく、家族と連絡をとる（　　　　　）がなかった。

2）この問題はいくら議論しても（　　　　　）がない。早く結論を出そう。

3）今さえよければ、という生活を続けていると、いつか必ず（　　　　　）が及ぶ。

4）文学新人賞をとったことを（　　　　　）の本人が知ったのは3日後だった。

5）警察は、駐車場に落ちていた写真が事件解決の（　　　　　）になるとみている。

5.

　1）お金で解決しようなんて、（バカ　贅沢）な考えはやめたほうがいい。

　2）子どもが大きくなるために（定か　不可欠）な栄養は何ですか。

　3）この国の（明らか　主要）な産業は観光だ。

　4）依然として高い失業率は（切実　確実）な問題だ。

　5）葬式の最中に笑うなんて（不謹慎　不自由）ですよ。

　6）彼女が発表した作品は（衝撃的　不確か）なものだった。

　7）この問題についてみなさんの（率直　主要）な意見を聞かせてください。

　8）この事業について会社の具体的な方針はまだ（定か　客観的）ではない。

　9）（不確か　不可欠）な情報しかないので、適切な判断ができない。

　10）宝くじに当たった彼は、（積極的　贅沢）な暮らしを始めた。

　11）無口な彼だが、仕事は（確実　切実）で、部長の厚い信頼を得ている。

6.

通す　　迎える　　起こす　　積む　　流れる　　残す　　高まる

　1）ホテルのロビーには、静かな音楽が（　　　　　　）ていた。

　2）祖父は去年還暦を（　　　　　　）たが、「まだまだ働く」と言っている。

　3）両国の国境問題のために、その地域で緊張が（　　　　　　）ている。

　4）いろいろ問題点を話しているよりも、行動を（　　　　　　）たほうがいい。

　5）この優れた伝統文化を後世へ（　　　　　　）なければならない。

　6）彼は料理人としての経験を（　　　　　　）ために、イタリアに渡った。

たまる　　縛る　　就く　　近づく　　破る　　薄れる　　上げる

　7）彼女は古い型を（　　　　　　）て、新しい芸術活動を始めようとした。

　8）厳しい法律で（　　　　　　）た人々は、長年自由を望んでいた。

　9）会社の目的、それは何といっても、まず利益を（　　　　　　）ことだ。

　10）愛犬を失った弟も、ようやく悲しみが（　　　　　　）てきたようだ。

　11）彼は大学卒業後は医療関係の仕事に（　　　　　　）たいそうだ。

　12）私はストレスが（　　　　　　）ないように、無理はしないことにしている。

7.

1）事故の原因については、目下調査（中だ　した）。

2）この辺りもかつては緑の多い自然豊かなところ（だ　だった）。

3）ダム建設について、首相はかねてより反対（する　していた）らしい。

4）彼はせっかく描いた絵をズタズタに（燃やして　切って）しまった。

5）彼女はわれわれなどめったにお目に（かかれない　かかりたい）女優だ。

6）研究の継続が認められるか、まもなく結論が（出た　出る）はずだ。

7）彼女は茶道の心得が少々（ある　ない）そうです。

8.

1）あなたたち、けんかばかりして、（いっそ　よほど）別れたらどうなの。

2）マラソン大会ではできれば5位以内、せめて（3位　8位）には入りたい。

3）彼女がスペインへ行ってから、（まもなく　いつしか）20年が過ぎた。

4）だめだろうとは思っていたが、（はたして　なるほど）結果は不合格だった。

5）二人は毎日ではないが、（めったに　たびたび）会っていたという。

6）弁当を買いに入ったコンビニに（偶然　目下）学校の先生がいた。

7）人は（はたして　とかく）汚い仕事はいやがるものだ。

8）「そういうわけで、どうしても御社で仕事をしたいと思ったわけです。」

　　「ああ、（なるほど　その通り）。よく分かりました。」

9）彼女は（とかく　よほど）うれしいらしく、目に涙を浮かべていた。

1．例：これは（しぼる…しぼり）たての新鮮な牛乳です。　　　　　　　　（1 × 15 ＝ 15）

1）たとえ練習が（厳しい…　　　　）も、頑張るつもりだ。

2）私の日本語が変でも、（笑う…　　　　）りしないでね。

3）いけないと（思う…　　　　）ながら、ついたばこを吸ってしまう。

4）その人は「やあ」と（親しい…　　　　）げに話かけてきた。

5）駅に（問い合わせる…　　　　）ところ、忘れ物が届いていた。

6）そんな不当な要求は（拒否する…　　　　）ざるをえないだろう。

7）先入観を（捨て去る…　　　　）はじめて、理解が深まる。

8）彼に（頼む…　　　　）ところで、手伝ってくれるわけがない。

9）道が凍っていてあやうく（転ぶ…　　　　）ところだった。

10）何日も（悩む…　　　　）末、会社を辞めることにした。

11）彼は大金を手に（入れる…　　　　）とたん、性格が変わった。

12）彼は（働く…　　　　）もせずにぶらぶらしている。

13）彼女はなぜ（知る…　　　　）得ない情報を知っているのか。

14）かわいい妹のいたずらに怒ろうにも（怒る…　　　　）なかった。

15）中身を（使う…　　　　）きったら、よく洗って捨ててください。

2．○ですか、× ですか。　　　　　　　　　　　　　　　　　　　　　　（2 × 6 ＝ 12）

1）A：すごいけんかになっちゃって、彼女は泣きだすし…。

　　B：で、どうなったの？　結局。

　　（　　）Aは彼女とけんかしたことを全く気にしていない。

2）A：Bさんの作品はアメリカでも注目をあびているとか。

　　B：そんな大したものじゃありませんよ。

　　（　　）Aに褒められたBが謙遜している。

3）A：さあ、遠慮なさらずにどうぞ。

　　B：では、お言葉に甘えて。

　　（　　）BはAの勧めを断っている。

4）A：昨日、バイクで転んでけがしちゃったんだ。

　　B：その程度のけがで済んだんだから、不幸中の幸いだよ。

　　（　　）Bは相手がけがをしたことを非難している。

5）A：それはそうだけど、まずは無駄をなくすべきじゃないかな。

　　B：ですが、Aさん…。

　　（　　）BはAの発言に反対している。

6）A：留学生のみなさんに何か一言お願いできますでしょうか。

B：はい、承知しました。

（　　）BはAから留学生への挨拶を求められた。

3. $(1 \times 13 = 13)$

1）（電車　時間　年齢）が経過する

2）（名作　雑談　試験）の範囲

3）（節約　市場　基準）を独占する

4）彼の（生き方　視線　成績）に共感する

5）（プロフェッショナル　ノウハウ　コンテスト）を蓄積する

6）（抱負　特産品　グループ）を構成する

7）（役割　法則　参考）を分担する

8）（試合　健康保険　能力試験）に加入する

9）（運転免許　衣服　生年月日）を更新する

10）（能率　評価　着用）の基準を示す

11）来年の抱負を（語る　試みる　得る）

12）（室内温度　法律　基本）を設定する

13）伝統的な（話題　行事　歌手）

4. $(1 \times 20 = 20)$

1）みんなの意見が一致する　→　意見が（同じ　違う）

2）このミスが試合結果を左右する　→　試合結果に（疑問　影響）がある

3）生活環境を改善する　→　（調査する　良くする）

4）今朝の地震の規模　→　地震の（強さ　場所）

5）解決のための唯一の方法　→　（ただ一つの　最も良い）方法

6）勝手な解釈はするな　→　（理解　解決）

7）来週の予定を頭に入れておく　→　予定を（覚えておく　見ておく）

8）書いてあることがのみこめない　→　（理解できない　読めない）

9）完成まで10年を要する　→　（10年では足りない　10年かかる）

10）先生の言葉が浮かぶ　→　（思い出される　はっきり聞こえる）

11）人に話を促した　→　話を（やめさせた　するように言った）

12）昼前に仕事を切り上げた　→　仕事を（始めた　終えた）

13）さまざまな意見が寄せられた　→　意見が（集まった　整理された）

14）年末年始に備えて、忙しい　→　（準備　片付け）で忙しい

15）予想とは異なる結果　→　結果が予想（とは違った　通りだった）

16）必要な材料が揃った　→　材料が（足りない　全部ある）

17）伝統楽器に接する　→　伝統楽器を（経験する　人に伝える）

18) 野球選手に<u>あこがれる</u>　→　野球選手に（会いたい　なりたい）

19) 食べるのを<u>ためらった</u>　→　（迷った　やめた）

20) 服装に<u>こだわる</u>　→　服装に（気にしない　強い思いがある）

5. ○ですか、×ですか。　　　　　　　　　　　　　　　　　　　　（4 × 10 ＝ 40）

1) どこの国のカラスも全身真っ黒というわけではない。ネパールで普通に見かけるのは頭部が白い。初めてこれを見た日本人はみんな驚くが、当然、日本へ来たネパール人は全身が黒いカラスに驚くのである。

　　（　　　）ネパール人が全身真っ黒の日本のカラスを見て驚くとは限らない。

2) 東北の人と結婚した関西出身の女性が、食事の際に最初から食卓にお茶を用意した。これを見たご主人のお母さんが「もう食事は終わりという意味か」とずいぶん不機嫌になったという話がある。東北ではお茶は食事の後、関西では最初から出すものという習慣の違いから起きたことだった。

　　（　　　）日本の中でも地域によって習慣の違いがみられる。

3) 外国人が日本人の好ましくないマナーとして例外なくあげるのが、ソバを食べる時のズルズル音だろう。しかし、日本人に言わせれば、あの音がたまらないのだ。ソバに限らない。大根やきゅうりの漬物をカリコリとかむ音なども、私たちにとってはいかにもおいしそうに感じられる。

　　（　　　）日本人はソバなどを音をたてずに食べることはできない。

4) 彼は貧しいながら、不自由なく日々を過ごしていた。米と野菜とミソ、そして本があれば何もいうことはなかった。

　　（　　　）彼は貧しかったが、不満なことは何一つなかった。

5) ある銀行強盗が5億円もの大金を奪って雪山へ逃げ込んだが、あまりの寒さに遭難してしまった…。結局、彼は大金を抱いたまま死んで行ったのだ。

　　（　　　）彼は死ぬまでお金を手放すことができなかった。

6) ある会社の壁に、「俺がやらなきゃ、誰がやる！」と大きく書かれた紙が貼ってあった。ところがある時、この「誰が」が「誰か」に変わっていた。

　　（　　　）「が」が「か」になっても、文の意味は変わらなかった。

7) 「頭が頭痛」のように同じ意味の語句を無駄に繰り返すことを「重言」という。一般的には好ましくないが、「あとで後悔する」のように気づかずに使っているものもあるし、「被害をこうむる」「射程距離」など、許されているというより、むしろこの使い方のほうが広く使われているものもある。

　　（　　　）「重言」は本来、好ましいものとされてきた。

8）年賀状で「あけましておめでとうございます。」と書いてしまった留学生がいた。年賀状や賞状、結婚式の案内などではたいてい、句点「。」が使われないことを知らなかったのだ。

（　　）日本語の挨拶文などには慣習として、最後に句点をつけないものもある。

9）「不味い」と書いて「まずい」と読む。これは「当て字」といって、漢字の正しい読み方を無視して意味だけ使ったもの。土産、五月蠅い、足袋、五月雨などがあり、読み方を知ると思わずなるほどとうなづいてしまう。

（　　）当て字は漢字を正しく読んでいないので、好ましくない。

10）そもそも漢字は中国から伝わったものだが、実は「国字」といって和製英語ならぬ和製漢字、つまり日本で作られた漢字もある。「人＋動→働」「火＋田→畑」などがそうで、「躾」というきれいなものもある。

（　　）日本人は漢字の一部分を自由に組み合わせて、多くの新しい漢字を作った。

執筆協力（五十音順）

天理教語学院：大内泰夫　齋藤寿代　鈴木茂則　中川ふみ　東次成

平野ゆきえ　元渕高治　森本道子　横山多恵子

表紙イラスト

さとう恭子

みんなの日本語中 級 Ⅱ
標 準 問 題 集

2016 年 7 月 14 日　初版第 1 刷発行
2018 年 7 月 23 日　第 2 刷 発 行

編著者　スリーエーネットワーク
発行者　藤嵜政子
発 　行　株式会社　スリーエーネットワーク
　　　　〒 102–0083 東京都千代田区麹町 3 丁目 4 番
　　　　　　　トラスティ麹町ビル 2F
　　　　電話　営業 03（5275）2722
　　　　　　　編集 03（5275）2726
　　　　http://www.3anet.co.jp/
印 　刷　倉敷印刷株式会社

ISBN978-4-88319-737-8　C0081

解答

みんなの日本語中級II　標準問題集

・省略できる部分は［　］に入れました。

・正答が複数ある場合は　／　で区切って示し、答えがいろいろ考えられる場合は例として示しました。

読む・書く

1．1）に、を　2）の に
　　3）が、に　4）を

2．1）目に入った　2）見慣れない
　　3）書き留めておこう　4）のみこむ
　　5）頭に入れておいて

3．A　1）c　2）b　3）a
　　B　①随筆　②駐車場　③苗字
　　　　④市場　⑤大企業　⑥看板
　　　　⑦国語辞典

話す・聞く

1．1）［を］広げる
　　2）［を］［で／に］言い換え
　　3）［に］関連させ

2．1）①a　②f　③e　④b　⑤d
　　2）①b　②a　③d　④c
　　3）①b　②c　③d　④e　⑤a

文法・練習

1．1）例：（来日したての）、日本語が全く分
　　　　　かりませんでした
　　2）例：（覚えたての）、友達に話しかけて
　　　　　みました
　　3）例：（焼きたて）、とてもおいしい
　　4）例：（先生になりたて）、よく生徒の名
　　　　　前を間違える

2．1）たとえ熱があっても、（a）
　　2）たとえ言葉が分からなくても、（d）
　　3）たとえ困った問題があっても、（c）

4）たとえ今回の結果がよくても、（e）
5）たとえ負けると分かっていても、（f）

3．1）例：相談し
　　2）例：やめ
　　3）例：行っ／出かけ
　　4）例：なくし／落とし

4．1）新聞が読める
　　2）顔も見たくない
　　3）寝る時間もない

5．1）②　2）②　3）①

6．1）例：俳優の名前
　　2）例：丁寧に話すこと
　　3）例：しゃべっ

7．1）いとこ　2）姪

8．1）③　2）②　3）①

読む・書く

1．1）を　2）を、で　3）に、に

2．①海外　②娯楽　③原作　④競争
　　⑤水準　⑥保証　⑦動作　⑧光景　⑨魅力

3．1）高い　2）厚さ　3）表現
　　4）いい　5）競争

4．1）部　2）種類　3）代

話す・聞く

1．1）に　2）を　3）に　4）が、で

2．1）映像、音楽　2）主人公、機械化
　　3）生身、対象、犠牲　4）ガラス、宇宙

3．1）Ａ２→Ｂ１→Ａ４→Ｂ２

　　2）①ストーリー　②主人公　③感想

文法・練習

1．1）○　2）×　3）○

2．1）（例：体育館／美術館）、施設

　　2）（例：エアコン）、設備

　　3）（例：洗濯機／テレビ）、電気製品

3．1）例：その番組は100回にわたって、(放
　　　　送されました)

　　2）例：レポートは80ページにわたって、
　　　　(書かれていました)

　　3）例：渋滞は30キロにわたって、(続
　　　　いています)

4．1）例：(会っているうちに)、好きになり
　　　　ました

　　2）例：(待っているうちに)、冷めてしまっ
　　　　た

　　3）例：(おしゃべりしているうちに)、同
　　　　じ高校を卒業したことが分かりま
　　　　した

　　4）例：(聞いているうちに)、眠くなって
　　　　きた

5．1）例：朝のラッシュ

　　2）例：風邪をひくこと

　　3）例：旅行する

6．1）例：車を止める　2）例：協力

　　3）例：日本食

7．1）報告　2）負けていた　3）伝え

8．1）例：太っている　2）例：増えた

　　3）例：有名な政治家が住んでいる

9．1）例：難しい

　　2）例：(情報が)多けれ、安心する

　　3）例：良くなっている

10．1）届くんだったっけ

　　2）かけてたっけ

11．1）悔しげ　2）親しげ　3）不安げ

第15課

読む・書く

1．1）を　2）を　3）が　4）を、が
　　5）に

2．1）観察する　2）分担する　3）登場し
　　4）注目し　5）疲弊し

3．1）①a　②b　③e　④d　⑤c
　　2）A：そこで　B：すると　C：つまり

話す・聞く

1．1）の　2）の　も　3）に
　　4）を　5）に、を　6）を／が

2．1）①a　②e　③b　④c
　　2）①b　②c　③a

文法・練習

1．③

2．1）聞く　2）会う　3）試験

3．1）に関して　2）に関する
　　3）について　4）に関する

4．1）行く　2）分からない
　　3）嫌いな　4）できる

5．1）生活が大変なのではないか
　　2）試験に合格するのではないか
　　3）具合が悪いのではないか

6．1）例：休みな
　　2）例：6人しか合格できなかった
　　3）例：不便な

7．1）例：話せるといえるほどのものじゃあ
　　　　りません
　　2）例：会ってお伝えするほどのことじゃ
　　　　ない
　　3）例：学校を休むほどのことじゃなかっ
　　　　た

8．1）この店は伝統的だけじゃなく、モダン
　　　なデザインの洋服も販売している
　　2）バラの花は色や形だけじゃなくにおい
　　　も楽しませてくれる

9．1）例：高さだけじゃなく形もきれいなの
　　　で有名です
　　2）例：最近外国からの観光客が増えてい
　　　るらしい
　　3）例：京都の伏見稲荷大社だろう

<ruby>復習<rt>ふくしゅう</rt></ruby> 第13課〜第15課

1．1）ながら　2）といった
　　3）にわたって　4）において
　　5）に関する
　　6）①といえば　　②にとって
2．1）a　2）b　3）b　4）b
　　5）a　6）a　7）b　8）a
　　9）a　10）a　11）b　12）b
3．1）○　2）×　3）×　4）×　5）×
　　6）○　7）×　8）×　9）○　10）×
4．1）食べる　2）理解する　3）入れる
　　4）会った　5）覚えておく

6）しゃべって　7）おもしろがった
8）優れたものは　9）終わろう
10）見えた　11）上手になる

5．1）代　2）心　3）化　4）程度
　　5）好き　6）感　7）部　8）同士
　　9）後　10）関係　11）市場

6．1）するようになった
　　2）何を言いたいのか
　　3）彼女じゃない？　4）似てる
　　5）あらためてご連絡します　6）走れた
　　7）のようだ　8）この天気だから
　　9）怒った　10）らしい
　　11）上がっている

7．1）アドバイス　2）運動　3）経営
　　4）競争　5）表現する　6）友人
　　7）家庭環境　8）騒ぐ　9）自信
　　10）結果　11）甘えて
8．1）示さ　2）打ち　3）引か
　　4）触れ　5）結んだ　6）通った

第16課

読む・書く

1．1）に　2）を　3）に、を
　　4）に、と
2．1）①②　2）①②　3）①③

話す・聞く

1．1）で、を　2）を　3）が
2．1）うまくいく　2）起こして
　　3）落ち込んで、おごる
3．1）c　2）b　3）a

4

1. 1)［要望］、b　2)［招待］、c
　　3)［注文］、d

2. 1）によって　2）により

3. 1）③　2）①③

4. 1）出かけた　2）働いていない
　　3）増えている

5. 1）家族旅行をしなくなった。
　　2）本社も移転した。
　　3）北京の支店で働くこととなった。

6. 1）お訪ねした　2）確認した
　　3）忘れる　4）遅れる
　　5）忘れる

7. 1）［高い］、会社に問い合わせた。
　　2）［落ち込んでいた］、試験に落ちたのか
　　　　と思った。

8. 1）例：［日］、具合
　　2）例：［彼］、連絡
　　3）例：［子］、そんなこと

第17課

読む・書く

1. 1）を　2）に、を　3）に　4）を

2. ①暦　②暦　③暦　④呼び名
　　⑤太陰太陽暦　⑥太陽暦　⑦旧暦　⑧新暦

3. 1）まつわる　2）旧暦　3）収入、支出
　　4）翌日　5）ねらい

話す・聞く

1. 1）を　2）に　3）を　4）に、を

2. 1）お口に合う、遠慮なく
　　2）お休み、お邪魔して、おかまい、ごゆっ
　　　　くり
　　3）お座り、失礼します

3. 1）大人に：与えないようにお願いします
　　　子どもに：あげないでね
　　2）お母さん

文法・練習

1. 1）が　2）を、が　3）の、が　4）に

2. 1）選手　2）面

3. 1）交通安全上、非常に危険だ。
　　2）子どもの教育上、良くない。
　　3）家族を守っているつもりなんだ。

4. 1）c　2）a　3）b　4）c　5）d

5. 1）例：出た／来た　2）例：静かな
　　3）例：医者である

6. 1）例：引き返さざる
　　2）例：中止せざる
　　3）例：捨てざる

7. 1）○　2）×

8. 1）例：留学した／していた
　　2）例：素人　3）例：性能のよい製品

9. 1）b　2）a

10. 1）例：子どもに／食事中にスマートフォ
　　　　ンをいじっていた
　　2）例：恋人に／甘い物を食べすぎていた

第18課

読む・書く

1. 1) を、に　2) が／も
   3) で　4) の／が

2. 1) A：(ちらちら)　B：(ぴかぴか)
   2) ①手に入れる　②目をとめた
   　　③横目で見ていた
   　　④申し出た
   　　⑤びっくりした　そうざらにあるもの
   　　　ではない
   　　⑥価値を感じた

3. 1) ②　2) ①　3) ②

話す・聞く

1. 1) に　2) を　3) が　4) の、で

2. 1) ①c　②b　③a
   2) ①b　②a

文法・練習

1. 1) で、に　2) が　3) に　4) に、を

2. 1) 例：おいしい　2) 例：持って行った
   3) 例：(製品を) 完成させる

3. 1) 日本人は (アメリカ人に比べて)［魚］
   　をよく食べます
   2) 船便は (航空便に比べて) 安く［荷物］
   　を送ることができます
   3) 今日は (昨日に比べて) 暑いですが、
   　湿気が少なくて［快適］です

4. 1) 例：必ず連絡をする
   2) 例：大きな声で話す
   3) 例：まず挨拶する

4) 例：簡単に使えるようになる

5. 1) あった、あった　2) 見えた、見えた

6. 1) 例：家に帰るのが遅いんだ
   2) 例：今のパソコンに満足しているんだ
   3) 例：みんなのいる所のほうがいいんだ

7. 1) 運転が大変なだけだ。
   2) 信じてもらえないだろう。
   3) すぐに上手になるものではない。

8. 1) 昨日　2) パソコン　3) バス

9. 1) ③　2) ②　3) ②

復習 第16課～第18課

1. 1) に応じて
   2) にもかかわらず　ざるを得なかった
   3) とともに　4) による　に違いない
   5) からなる　6) に限って
   7) として　8) からには

2. 1) 計　2) 面　3) 諸　4) 難
   5) 件　6) 費　7) 連れ　8) 権

3. 1) した　2) ほとんどなかった
   3) 病院へ行った　4) 気をつけ
   5) お金が必要になる　6) があげられる
   7) 興味深い結果が得られた
   8) 注意された　9) 間に合いません
   10) ある

4. 1) ○　2) ×　3) ×　4) ×　5) ○
   6) ×　7) ○　8) ×　9) ×　10) ○

5. 1) 合う　2) 寄せ　3) とめ
   4) きい　5) 滑らし　6) 離し
   7) 抱え　8) 入れる　9) 求め
   10) とる　11) 切っ　12) かけて

6. 1) 痛い　2) ふさわしい
   3) 意外　4) ありがたい
   5) 苦い　6) 急激な

7）うらやましい　8）鋭い

9）素直な　10）唐突な

7．1）必死に　2）よほど

3）はるかに　4）本来

5）微妙に　6）おそらく

7）そもそも

8．1）5日ほど　2）3か月

3）失敗　4）涙が出た

5）ころぶところだった　6）あります

7）あるものでは

8）こちらを見ていた

9）はやらない

第19課

読む・書く

1．1）を / で　2）を、を　3）に

4）に　5）に

2．1）達成する、製作し

2）効果、普及

3）創造的、人間、チームワーク

4）精神的、注目、対象

3．1）考える喜び

2）地域でとれる野菜や魚

3）時間を上手に使うこと

4）美しさを感じる心

話す・聞く

1．1）に　2）を　3）を

4）に　5）に

2．1）①自慢話になりますが

②経験　③生かせたらいいな

2）①自慢できる　②アピール

③誤解　④言い方

3．1）①いわゆる　②でした　③おかげ

2）マイナス、自分

文法・練習

1．1）［留学生］、立ち上げた

2）［サラリーマン家族］、販売する

3）［老人］、実施した

2．1）例：不自由なく会話できる

2）例：人気がある

3）例：国際化

3．1）受け持ちの先生や家族のサポートが

あったから

2）ご自身の努力の結果

3）幸運

4．1）例：日本のアニメ

2）例：失敗

3）例：友達

4）例：今の仕事、人と接すること

5．1）今朝　2）北　3）冬　4）3時

6．1）流行するかどうか　2）成績

3）気が合うかどうか

7．1）②　2）②

8．1）○　2）○　3）×

第20課

読む・書く

1．1）で、を　2）を

3）に、が　4）を、と

7

2．1）内外　2）音色、修業
　　3）初心者、楽器　4）組織
　　5）経験、理解　6）愛好者
　　7）人口　8）いやし　9）固有、人類

3．1）これこそが求めていた音
　　2）その良さを知っている人だけが知って
　　　いる
　　3）昨日間違いなく話した　4）簡単に
　　5）しつこくない

話す・聞く

1．1）で　2）を　3）を　4）を、に

2．1）①e　②c　③a　④d　⑤b
　　2）①留学生　②きっかけ　③理由

文法・練習

1．1）新しい監督のもとで頑張っています。
　　2）その後は田舎の祖母のもとで育てられた。

2．1）親を亡くして初めて親のありがたみを
　　　知る
　　2）家事に子どもの世話にと朝から晩まで
　　　働く

3．1）ぞ　2）な

4．1）音楽家　2）生徒

5．1）例：アルバイトを休む
　　2）例：あきらめる
　　3）例：厳しく注意する

6．1）例：苦労の
　　2）例：交渉の
　　3）例：相談した

7．1）例：卒業して

2）例：上京して
3）例：実家を離れて、一人で暮らしている

8．1）読めるくらい簡単だ。
　　2）あるくらいだ。
　　3）温かいくらいだ。

9．1）愛　2）心　3）怒り

10．1）②　2）②

11．1）例：(閉めた)、誰かの声がした
　　2）例：(乗った)、忘れ物をしたことに
　　　気づいた
　　3）例：(鳴った)、人々が逃げ出した

12．1）例：暑いからといって、冷たいもの
　　　ばかり食べるのはよくない
　　2）例：暇だからといって、一日中何も
　　　しないわけにはいきません
　　3）例：いい大学を出たからといって、
　　　仕事ができるわけではない

第21課

読む・書く

1．1）の　2）への　3）と　の
　　4）の、に

2．1）汲みにやっ、言い訳し　2）比較する
　　3）落とし　4）沸かし　5）炊く
　　6）湧い　7）汚れ始め

3．1）a　2）b　3）d　4）c

話す・聞く

1．1）の、が　2）に　3）から、が
　　4）で、に、が　5）を、を

2．①外食　②中食　③中食
　④外食　⑤内食

3．示す　見られる　横ばい　増加　転じて
以上から　お分かり　言えるのではない

文法・練習

1．1）食べもせず　2）挨拶もせず

2．1）漢字を忘れる
　2）途中であきらめる

3．1）プロの味を出すのは難しいだろう。
　2）コンビニぐらいはあるでしょう。
　3）これを訳すのは簡単ではないだろう。

4．1）例：健康、大切
　2）例：存在、大きかった

5．1）例：やって来る
　2）例：海外に転勤された

6．1）例：チーズが嫌い
　2）例：減少していく
　3）例：友人、スポーツ新聞の記事

7．1）例：[事実]、書かれたものです
　2）例：[研究]、発表が予定されている
　3）例：[データ]、情報を知りたいと思っ
　　ている

8．1）例：相手の話を聞くこと
　2）例：実現されてきている
　3）例：人々の疲れた体や心を慰めてくれ
　　る

9．1）d　2）c　3）a

10．1）例：日本全国の支店でもご利用できま
　　す
　2）例：スポーツなら何でも上手ですよ

3）例：大人にも楽しんでいただけると思
　います

復習　第19課～第21課

1．1）を対象に　2）を通して
　3）から　にかけて　4）のもとで
　5）と同時に　6）ば　だけ
　7）に基づいた　いかに　か
　8）をこめて　9）もせずに
　10）といえども

2．1）×　2）×　3）○　4）×　5）○
　6）×　7）○　8）×　9）○　10）○
　11）○

3．1）主婦　2）だめだ　3）に問題がある
　4）嘘ではない　5）泣く　6）いろいろ
　7）逃げ出した　8）安心するな
　9）には勝てない

4．1）わがまま　2）華やかな
　3）著しい　4）ささやかな
　5）甘い　6）古臭い
　7）柔らかい　斬新な
　8）無用な　心強い
　9）精神的な　10）不器用

5．1）財産　2）ミス　3）意見
　4）能力　5）デザイン　6）問題
　7）やり方　8）料理　9）理由
　10）アドバイス

6．1）いわゆる　2）あっさり
　3）とびきり　4）さらなる
　5）わずか　6）それなりの
　7）たんに　常に

7．1）受け入れてくれた　2）ある
　3）わかっていない　4）だめになった

8．1）入れる　2）離れる　3）切る
　4）くむ　5）囲む　6）生かす
　7）つけない　8）つげない

9）差された

読む・書く

1．1）を　2）を　3）に
　　4）を　5）を

2．1）という　2）として
　　3）について　4）として

3．1）b　2）e　3）a　4）c
　　5）f　6）i　7）h　8）g

話す・聞く

1．1）するか迷った　2）気にしない
　　3）彼が運転した　4）したい
　　5）深く考えず　6）本当のことを

2．1）e　2）d　3）a
　　4）c、f　5）g

文法・練習

1．1）a　2）c

2．1）決めることになります。
　　2）先生をお迎えしましょう。

3．1）例：［日本語の学習］、生活の中で実際
　　　　に使ってみる
　　2）例：［皆様］、ますますご健勝
　　3）例：［当レストラン］、ジャケットの着
　　　　用

4．1）起こりうる　2）知りえない
　　3）考えうる

5．1）例：規則を破った

2）例：相当疲れていた

6．1）不安定なものになると思われます。
　　2）ますます進むものと思われる。
　　3）資金不足によるものと思われる。

7．1）例：（15万円だったとしても）買って
　　　　いた
　　2）例：（勝ったとしても）内容に満足し
　　　　ていない

8．1）例：（ご両親が病気で）、働こうにも働
　　　　けないんです
　　2）例：（忙しすぎて）、休みを取ろうにも
　　　　取れないんですよ

9．1）例：50歳の
　　2）例：甘やかされ

10．1）例：自分で行動すべき／するべきだ
　　2）例：笑うべきではない
　　3）例：挑戦してみるべきだ
　　4）例：すぐに腹を立てるべきではない

11．1）あれはもう、節約というよりけちな
　　2）「やる」と言ったというより、言わさ
　　　れた
　　3）落ち着いていたというより、何もで
　　　きなかった

読む・書く

1．1）に　2）が　3）を　4）に、が

2．①d　②a　③c
　　④b　⑤g　⑥f

3．1）①自分のためだけに利益を得ようとす
　　　れば

②自分たちに都合のよいように

③行き過ぎた開発

④失敗から教訓を学ぶやり方では地球
を守れない

⑤教訓

⑥起こり得る事象を把握し、その確率
を明らかにしておく

2）A（この）　B（そのため）
　C（これこそ）

話す・聞く

1．1）に　2）を　3）を　4）に

2．1）②e→③b→④d→⑤c
　2）①e　②d　③a　④b　⑤c

文法・練習

1．1）討論、［3時間］
　2）影響、［飛行機］
　3）支配、［約120年間］

2．1）変更になる可能性がある。
　2）運転する人は注意してください。
　3）予約しないと入れない可能性がある。

3．1）言葉　2）ニュース　3）お知らせ

4．1）例：仕事を探す　重要な条件は何かよ
　　　　く考えてください
　2）例：内容をしっかり確認した　ご利用
　　　　ください

5．1）例：ひどくなってきた
　2）例：感じられるようになってきた
　3）例：明らかになってきた

6．1）［残念な］、a　2）［幸運な］、d

7．1）倒産の　2）倒れる

8．1）例：行く　2）例：手伝ってもらう

9．1）例：中国への転勤
　2）例：旅行で偶然出会ったの
　3）例：最近見たフランス映画

10．1）例：尺八をはじめ、琴、三味線
　2）例：京都をはじめ、金沢
　3）例：コーヒーをはじめ、紅茶、中国茶

第24課

読む・書く

1．1）を　2）が　3）の、を

2．1）①自由　②ない　③おこり得ない
　　④決まって　⑤生活
　　⑥わけにはいかない　⑦寂しい
　　⑧天才　⑨人間として　⑩信じていた
　2）b

話す・聞く

1．1）に　2）に、を　3）に　4）を

2．1）f　2）c　3）d　4）a　5）e

文法・練習

1．1）知られざる　2）及ばざる

2．1）すべて揃っている。
　2）どこにでもある。

3．1）信じきって　2）安心しきった
　3）食べきった

4．1）c　2）b

5．1）例：（登録し）、どなたでも利用できます

　　2）例：（読ん）、難しくはないだろう

　　3）例：（日本で）、どこの大学でもいいです

　　4）例：（便利で）、古くてもいいです

6．1）（一つ）、ない

　　2）（一日）、ない

　　3）（一円）、ない

7．1）例：レストランに高いお金を払う以上、
　　　　おいしい料理が食べたい

　　2）例：両親が賛成してくれない以上、彼
　　　　女との結婚はあきらめよう

　　3）例：歴史ある演劇部に入部した以上、
　　　　卒業まで続けたい

8．1）例：たばこをやめない

　　2）例：人間がいじめない

　　3）例：前もって予約がない

9．1）例：休むわけにはいかないんです

　　2）例：注意しないわけにはいかないんで
　　　　す

　　3）例：捨てるわけにはいかないんです

10．1）例：急ぐ　2）例：緊張

　　3）例：心配

復習　第22課～第24課

1．1）を　と　2）に　3）に　を
　　4）に　が　5）ぬ　にも　6）と
　　7）さえ　の　8）には　9）で　まで

2．1）知っていた　2）信じたい
　　3）泣けない　4）いまひとつだ
　　5）命令　6）驚いた
　　7）分かっている　8）もう残っていない
　　9）いなかった　10）貸す

3．1）○　2）○　3）○　4）×　5）○

6）×　7）○　8）○　9）○　10）○

11）×

4．1）すべ　2）きり　3）つけ
　　4）当　5）カギ

5．1）バカ　2）不可欠　3）主要
　　4）切実　5）不謹慎　6）衝撃的
　　7）率直　8）定か　9）不確か
　　10）贅沢　11）確実

6．1）流れ　2）迎え　3）高まっ
　　4）起こし　5）残さ　6）積む
　　7）破っ　8）縛られ　9）上げる
　　10）薄れ　11）就き　12）たまら

7．1）中だ　2）だった　3）していた
　　4）切って　5）かかれない　6）出る
　　7）ある

8．1）いっそ　2）8位　3）いつしか
　　4）はたして　5）たびたび　6）偶然
　　7）とかく　8）なるほど　9）よほど

総復習　第13課～第24課

1．1）厳しくて　2）笑った　3）思い
　　4）親し　5）問い合わせた　6）拒否せ
　　7）捨て去って　8）頼んだ　9）転ぶ
　　10）悩んだ　11）入れた　12）働き
　　13）知り　14）怒れ　15）使い

2．1）×　2）○　3）×
　　4）×　5）○　6）○

3．1）時間　2）試験　3）市場
　　4）生き方　5）ノウハウ　6）グループ
　　7）役割　8）健康保険　9）運転免許
　　10）評価　11）語る　12）室内温度
　　13）行事

4．1）同じ　2）影響　3）良くする
　　4）強さ　5）ただ一つの　6）理解
　　7）覚えておく　8）理解できない
　　9）10年かかる　10）思い出される

11）するように言った　12）終えた

13）集まった　14）準備

15）とは違った　16）全部ある

17）経験する　18）なりたい

19）迷った　20）強い思いがある

5．1）×　2）○　3）×　4）○　5）○

6）×　7）×　8）○　9）×　10）○